Niveau débutant

français.com

MÉTHODE DE FRANÇAIS PROFESSIONNEL ET DES AFFAIRES

Jean-Luc Penfornis

Activités interactives du DVD-Rom
réalisées par Marc Oddou

CLE
INTERNATIONAL
www.cle-inter.com

Le manuel de l'utilisateur du cd-rom est téléchargeable
sur le site www.cle-inter.com

Configuration PC :
WindowsTM 98, 2000, XP Pentium II ou Supérieur,
64 Mo de Ram souhaités, résolution d'écran en 800 x 600.

Configuration MAC :
Mac OS9, 10.3/10.4, 64 Mo de Ram souhaités,
résolution d'écran en 800 x 600,
100 MO disponibles sur le disque dur.

Édition : Isabelle Walther
Couverture : Fernando San Martín
Conception graphique et mise en page : Fernando San Martín / AMG
Illustrations : Claude-Henri Saunier
Rom : MODDOU Learning

ISBN : 978-209-038035-4

Avant-propos

***Français.com* : une méthode pour adultes débutants**
Français. com est une méthode de français pour débutants. Elle s'adresse à des personnes qui travaillent ou à des étudiants qui se préparent à la vie active. Elle couvre de 120 à 150 heures de cours.

Objectif : apprendre le français dans un environnement professionnel
Français.com vous amène à accomplir des tâches simples et courantes dans la vie de toute personne qui travaille. À l'issue de ce cours, vous serez capable de parler de votre travail, de vos études, de votre expérience professionnelle, de votre lieu de travail, de vos projets, etc. Vous saurez engager une conversation téléphonique, écrire un e-mail, prendre rendez-vous, etc. Vous pourrez acheter un billet de train, aller à l'hôtel ou au restaurant, faire un achat dans un magasin, faire face à de nombreux petits problèmes de la vie quotidienne. Bref, vous pourrez vous débrouiller dans la vie de tous les jours.
Vous aurez ainsi acquis les compétences du niveau **A1** – et beaucoup de celles du niveau **A2** – du ***Cadre européen de référence pour les langues.*** Vous serez apte à passer les épreuves du DELF A1 et vous serez bien armé(e) pour préparer celles du DELF A2. Ce cours est également une bonne préparation aux tests TCF et TEF ainsi qu'au Certificat de français professionnel, 1er degré (CFP1) de la Chambre de Commerce et d'Industrie de Paris.

Le livre est clairement structuré
Une leçon est présentée sur une double page. Il y a sept unités comprenant cinq leçons chacune. Chaque unité se termine par un bilan (« Faire le point ») et par une page « interculturelle » (« Entre cultures »).

À chaque leçon :
– vous faites de la grammaire et de la phonétique,
– vous apprenez de nouveaux mots,
– vous écoutez, vous écrivez, vous parlez.

***Français.com* attache une grande importance à la grammaire**
Chaque leçon est conçue autour d'un ou de plusieurs points de grammaire dont l'apprentissage sert toujours un objectif communicatif. Vous faites des exercices et vous êtes amené à utiliser le point de grammaire dans la réalisation de tâches communicatives précises.

Des activités variées : chaque leçon est différente
Pour éviter toute monotonie, il n'y a pas de schéma répétitif. La méthode est conçue de façon à permettre au professeur de mener un cours vivant et aux apprenants d'apprendre activement. Les activités trouvent leur source dans une longue pratique pédagogique et toutes ont été expérimentées.

Une progression stricte
Les unités et les leçons sont présentées selon une stricte progression fonctionnelle, lexicale et grammaticale.

À la fin de l'ouvrage, vous trouverez :
– des dossiers d'activités pour certains jeux de rôles,
– des fiches grammaticales accompagnées d'exercices complémentaires,
– la transcription des enregistrements.

Bon travail !

L'auteur

Tableau des contenus

7. Tranches de vie					
Leçons	**Pages**	**Savoir-faire**	**Grammaire**	**Vocabulaire**	**Prononciation**
1. Petits boulots	106	• Évoquer un souvenir	• formation de l'imparfait • *chaque / chacun*	• autour de certains métiers : serveur, employé de banque, guide, vendeur	• liaisons facultatives
2. Faits divers	108	• Raconter une histoire	• emploi du passé composé et de l'imparfait	• incidents au travail • création d'entreprise	• [e]-[ɛ] : *j'ai pensé - je pensais*
3. Une belle carrière	110	• Rapporter des événements marquants d'une vie professionnelle	• relatifs *qui, que, où* • mise en relief • indicateurs de temps : *depuis, il y a, pendant, pour, en*	• carrière professionnelle : de l'embauche à la retraite	• pronoms toniques et mise en relief
4. Moments de stress	112	• Expliquer une situation de stress • Donner son avis	• pronom *en* de quantité • propositions complétives : *je pense que…, je crois que…*	• situations de stress au travail : relations entre collègues, réclamations du client, etc.	• voyelles tirées et voyelles arrondies (récapitulation) • [f]-[v] : *fer-ver*
5. Demain sera un autre jour	114	• Faire des projets	• futur simple • pronom *y*	• préparation de réunion • tâches administratives • obligations de l'employé	• voyelles nasales (récapitulation) • [ʃ]-[ʒ] : chou-joue
Faire le point	116	grammaire – vocabulaire – lire – écouter – écrire – parler			
Entre cultures	120	Vivre à l'étranger : des expatriés parlent de leur vie en France.			

La France administrative : Régions et départements

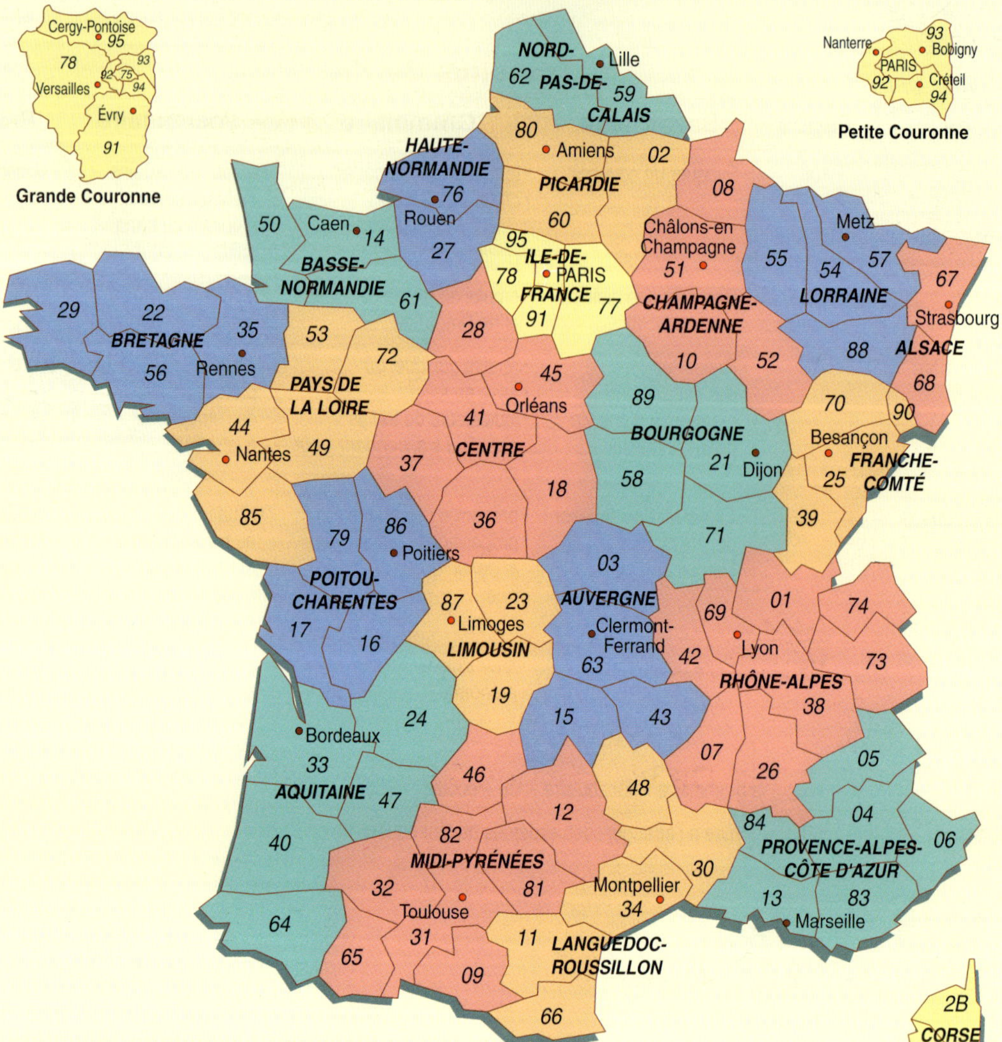

01 AIN
02 AISNE
03 ALLIER
04 ALPES-DE-H.-P.
05 ALPES (Hautes)
06 ALPES-MARITIMES
07 ARDÈCHE
08 ARDENNES
09 ARIÈGE
10 AUBE
11 AUDE
12 AVEYRON
13 B.- DU-RHÔNE
14 CALVADOS
15 CANTAL
16 CHARENTE
17 CH.-MARITIME
18 CHER
19 CORRÈZE
2A CORSE-DU-SUD
2B HAUTE-CORSE
21 CÔTE-D'OR
22 CÔTES-D'ARMOR
23 CREUSE
24 DORDOGNE
25 DOUBS
26 DRÔME
27 EURE
28 EURE-ET-LOIR
29 FINISTÈRE
30 GARD
31 GARONNE (Haute)
32 GERS
33 GIRONDE
34 HÉRAULT
35 ILLE-ET-VILAINE
36 INDRE
37 INDRE-ET-LOIRE
38 ISÈRE
39 JURA
40 LANDES
41 LOIR-ET-CHER
42 LOIRE
43 LOIRE (Haute)
44 LOIRE-ATLANTIQUE
45 LOIRET
46 LOT
47 LOT-ET-GARONNE
48 LOZÈRE
49 MAINE-ET-LOIRE
50 MANCHE
51 MARNE
52 MARNE (Haute)
53 MAYENNE
54 MEURTHE-ET-MOSELLE
55 MEUSE
56 MORBIHAN
57 MOSELLE
58 NIÈVRE
59 NORD
60 OISE
61 ORNE
62 PAS-DE-CALAIS
63 PUY-DE-DÔME
64 PYRÉNÉES-ATLANTIQUES
65 PYRÉNÉES (Hautes)
66 PYRÉNÉES-ORIENTALES
67 RHIN (Bas)
68 RHIN (Haut)
69 RHÔNE
70 SAÔNE (Haute)
71 SAÔNE-ET-LOIRE
72 SARTHE
73 SAVOIE
74 SAVOIE (Haute)
75 PARIS
76 SEINE-MARIIME
77 SEINE-ET-MARNE
78 YVELINES
79 SÈVRES (Deux)
80 SOMME
81 TARN
82 TARN-ET-GARONNE
83 VAR
84 VAUCLUSE
85 VENDÉE
86 VIENNE
87 VIENNE (Haute)
88 VOSGES
89 YONNE
90 BELFORT (Ter.de)
91 ESSONNE
92 HAUTS-DE-SEINE
93 SEINE-ST-DENIS
94 VAL-DE-MARNE
95 VAL-D'OISE

Départements d'outre-mer (DOM)

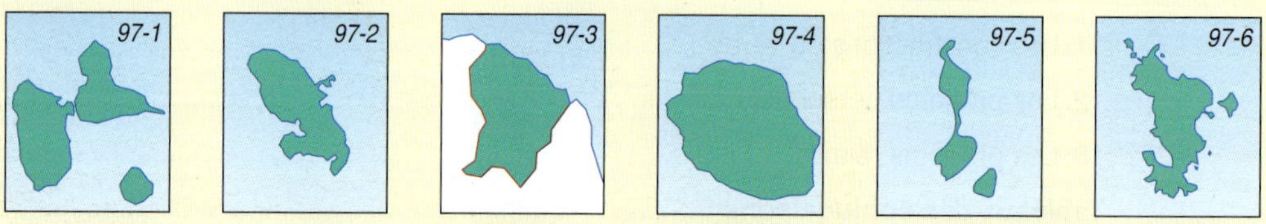

GUADELOUPE MARTINIQUE GUYANE RÉUNION ST-PIERRE-ET-MIQUELON MAYOTTE

1

premiers contacts

1 Premiers mots

1 Qu'est-ce que c'est ?

a. Écrivez les mots sous les photos.

une voiture	des euros	un ticket de métro		un bus
un dictionnaire	une trompette	une moto	une valise	des fleurs

____

____

une voiture

____

____

____

____

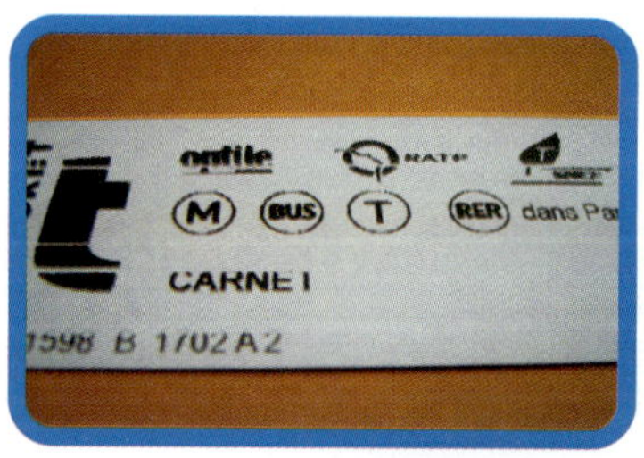

____

____

1.1 **b.** Écoutez et répétez.

2 Masculin, féminin ou pluriel ?

a. Mettez *un, une, des.* Utilisez un dictionnaire.

un avion
______ taxi
______ sports
______ caméra
______ bicyclette
______ restaurants
______ passeport
______ cinéma

1.2 **b.** Écoutez et vérifiez vos réponses. Puis répétez.

Les articles indéfinis

	Masculin	Féminin
Singulier	**un** avion	**une** voiture
Pluriel	**des** avions	**des** voitures

• Le nom est-il masculin ou féminin ? Il n'y a pas de règle. Il faut regarder dans un dictionnaire.
• En général, pluriel des noms = singulier + s. Mais il y a des exceptions.

→ ***Précis grammatical,* p. 129**
Faites les exercices A, B, C et D, p. 129

3 Un voyageur achète un ticket de métro.

1.3 **a.** Écoutez. Complétez avec les mots suivants.

s'il vous plaît — au revoir — merci — pardon — bon-

Voyageur: Un ticket.
Vendeur: Bonjour, monsieur.
Voyageur: ______, un ticket.
Vendeur: Pardon ?
Voyageur: Un ticket, ______.
Vendeur: Un euro.
Voyageur: ______ ?
Vendeur: Un euro, s'il vous plaît.
Voyageur: Voilà.
Vendeur: ______, au revoir, monsieur.
Voyageur: ______.

b. Lisez la conversation à deux.

4 De zéro à vingt.

1.4 **a.** Allez page 132. Écoutez et répétez les nombres de 0 à 20.

1.5 **b.** Des voyageurs achètent des tickets de métro. Écoutez trois dialogues. Entourez les nombres que vous entendez.

Dialogue 1

1	3	11	13	18	20

Dialogue 2

6	7	8	9	10	12

Dialogue 3

1	2	4	5	15	16

5 Jouez à deux.

- **A**: Consultez le dossier 1, page 122.
- **B**: Consultez le dossier 1, page 126.

Phonétique

LES 33 SONS DU FRANÇAIS

Écoutez. Répétez.

• 10 voyelles orales

[a] table — [ø] deux
[e] été — [y] bus
[ɛ] sept — [o] mot
[i] fini — [ɔ] port
[œ] peur — [u] douze

• 3 voyelles nasales

[ɔ̃] onze
[ɛ̃] vingt
[ɑ̃] cent

• 3 semi-consonnes

[j] ail
[ɥ] huit
[w] oui

• 17 consonnes

[p] pipe — [v] verre
[t] tout — [z] zéro
[k] quatre — [ʒ] bonjour
[b] bout — [l] elle
[d] deux — [ʀ] terre
[g] gare — [m] métro
[f] faux — [n] non
[s] si — [ɲ] signe
[ʃ] chat

2 Bonjour, je m'appelle...

1 Bonjour !

1.6 Écoutez. Complétez. Répétez.

Bonjour, je m'appelle John. Je suis anglais, mais j'habite à Paris.	*Bonjour. Moi, je suis Ingrid. Je suis allemande. Je ________ étudiante à Genève. Je parle anglais, français, allemand. J'ai 19 ans.*	*Bonjour. Moi, je m'________ Fabien. Je ________ français. J'________ à Lyon. Je ________ français et italien. J'________ 40 ans. Et vous ?*

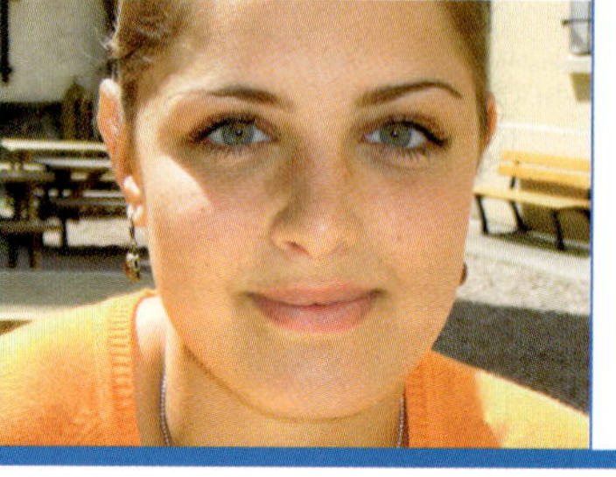

2 Il s'appelle...

a. Complétez.

1. John ________ anglais.
2. Il ________ à Paris.
3. Elle s'________ Ingrid.
4. Elle ________ allemande.
5. ________ ________ étudiante.
6. ________ ________ 19 ans.
7. Fabien ________ français.
8. Il ________ ________ Lyon.
9. Il ________ français et italien.
10. ________ ________ 40 ans.

1.7 **b.** Écoutez. Répétez.

c. Oui ou non ?

1. John est américain.
   – ***Non, il est anglais.***
2. Ingrid est suédoise.
   – ________________________
3. Elle a dix-neuf ans.
   – ________________________
4. Fabien habite à Genève.
   – ________________________
5. Il parle trois langues.
   – ________________________

Conjugaison

Être : je suis, il / elle est
Avoir : j'ai*, il / elle a
Parler : je parle, il / elle parle
Appeler : je m'appelle, il / elle s'appelle
Habiter : j'habite*, il / elle habite

* Je → **J'** (+ a, e, i, o, u, y, h muet)

→ ***Tableaux des conjugaisons*, p. 144**

3 De 21 à 69 ans.

1.8 **a.** Allez page 132. Écoutez et répétez les nombres de 21 à 69 que vous entendez.

1.9 **b.** Écoutez et complétez.

1. Aïssa a ________ ans.
2. Bin a ________ ans.
3. Batacar a ________ ans
4. Lara ________ ________ ans.

4 *Il* ou *elle*?

a. Mettez *il* ou *elle*.

1. ________ est japonaise.
2. ________ est polonaise.
3. ________ est marocain.
4. ________ est indienne.
5. ________ est chinois et ________ est chinoise.
6. ________ habite à Londres, mais ________ est américaine.
7. ________ est belge ; ________ s'appelle Paul.

b. Choisissez la bonne réponse.

1. Elle est suédoise, elle parle :
   ☐ suédois ☐ suédoise
2. Elle est brésilienne, elle parle :
   ☐ espagnole ☐ portugais
3. Il habite à Alger, il parle :
   ☐ algérienne ☐ arabe
4. Il est belge, il parle :
   ☐ belge ☐ français
5. Il est américain, mais il parle :
   ☐ anglais ☐ français

5 Présentez Berrak Sahin.

Berrak SAHIN
3, rue du Bac
75007 PARIS
31 ans
De nationalité turque

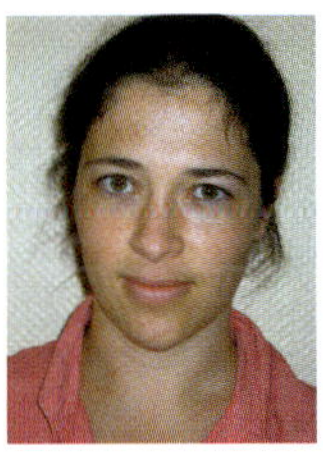

BILINGUE TURC-FRANÇAIS

Formation

Elle s'appelle…

6 À vous !

Bonjour, je m'appelle…

Nationalités et langues

Il est espagnol
américain
italien
suédois
russe

Elle est espagnole
américaine
italienne
suédoise
russe

Il / Elle parle espagnol
anglais
italien
suédois
russe

→ ***Précis grammatical,* p. 131**
Faites l'exercice A, p. 131

Phonétique

1. L'accent tonique

La dernière syllabe du mot ou du groupe de mots est la plus longue. Écoutez. Répétez.

1. Vanes**sa**, Sébas**tien**, Frédé**ric**
2. Bon**jour**, je suis **Lise**, j'ai quarante **ans**.
3. Olga, elle est **russe**, elle parle fran**çais**.
4. A**li**, il est **turc**, il habite **Lyon**.

2. Masculin-féminin

Écoutez. Répétez.

1. français / française
2. étudiant / étudiante
3. chinois / chinoise
4. allemand / allemande
5. américain / américaine

3 Ça va, et vous ?

1 Entrer en relation.

1.10 Écoutez et / ou lisez. Associez les dialogues et les photos.

Dialogues	1	2	3	4
Photos				

Dialogue 1
- Vous êtes madame ?
- Je suis Christiane Bulle.
- Excusez-moi, vous pouvez épeler votre nom, s'il vous plait ?
- B.U.deux L.E
- Un instant, s'il vous plaît.

Dialogue 2
- Allo, Daniel ?
- Oui, c'est moi.
- C'est Maxime.
- Ah, c'est toi, salut, tu vas bien ?
- Ça va, et toi ?

Dialogue 3
- Bonjour, monsieur Bouchard.
- Bonjour.
- Vous allez bien ?
- Ça va bien, merci. Et vous ?

Dialogue 4
- Excusez-moi, vous êtes madame Papin ?
- Oui, c'est moi.
- Je suis Victoria Lavergne, enchantée.
- Enchantée.

a

b

c

d

2 « Tu » ou « Vous » ?

Classez les mots dans le tableau.

et toi ? et vous ? oui salut

tu vas bien ? vous allez bien ? votre

ça va vous pouvez c'est moi

madame monsieur excusez-moi

s'il vous plaît merci enchanté

TU	VOUS
et toi ? *oui*	*et vous ?* *oui*

3 Qui est-ce ?

2.2 **a.** Complétez avec les mots suivants :
oui / toi / moi / votre / êtes / parlez / pouvez / vas / va / allez.

1. – Tu ________ bien ?
   – Oui, et ________ ?
2. – Vous ________ bien ?
   – Ça ________, merci.
3. – Vous ________ Léo Maçon ?
   – Oui, c'est ________.
4. – Vous ________ épeler ________ nom ?
   – M.A.C cédille.O.N.
5. – Vous ________ français ?
   – ________, un peu.

1.11 **b.** Écoutez. Répétez.

4 Vous pouvez épeler ?

1.12 **a.** Écoutez. Répétez.

A B C D E F
G H I J K L M
N O P Q R S
T U V W X Y Z

é = E accent aigu è = E accent grave ê = E accent circonflexe ll = deux L	ç = C cédille – = tiret ' = apostrophe . = point

b. Jouez à deux.
- **A :** Consultez le dossier 2, page 122.
- **B :** Consultez le dossier 2, page 126.

5 À vous !

a. Que répondez-vous ?
1. Vous êtes madame / monsieur ?
   – ***Je suis…***
2. Salut, ça va ?
   – ____________________
3. Je suis Paul Leduc, enchanté.
   – ____________________
4. Excusez-moi, vous parlez français ?
   – ____________________

b. Pratiquez à deux les dialogues de la page 14. Parlez en votre nom.

Dialogue 1
– *Vous êtes monsieur* (ou *madame*) ?
– *Je suis* (votre nom).
– *Etc.*

Conjugaison

Parler : tu parles, vous parlez
Aller : tu vas, vous allez
Être : tu es, vous êtes
Pouvoir : tu peux, vous pouvez

Phonétique

L'intonation
Le ton monte à la fin de la question :
C'est Paul ?
Le ton descend à la fin de la réponse :
C'est Paul.
Écoutez et répétez.

1. – Paul ? – Oui. – C'est Paul ? – C'est Paul. – Paul Dupont ? – Paul Dupont.	2. – C'est toi ? – C'est moi. – C'est Lise ? – C'est Lise. – Ça va ? – Ça va.

4 Vous travaillez où ?

1 Vous connaissez des entreprises ?

a. Répondez, comme dans l'exemple.

Exemple : Vous connaissez Nokia ?
Oui, c'est une entreprise finlandaise, elle fait des téléphones.

un téléphone — Finlande

une montre — Suisse

Vous connaissez Swatch ?

____

____

____

un pneu — France

Vous connaissez Michelin ?

____

____

____

b. Complétez avec les mots suivants :
Amazon.com / Toyota / McDonald's / IBM.

1. ________ est une entreprise américaine. Elle fait des ordinateurs.
2. ________ est une librairie en ligne. Elle vend des livres.
3. ________ est une entreprise japonaise. Elle fait des voitures.
4. ________ est un restaurant américain. Il vend des hamburgers.

Infinitif et Indicatif présents

→ ***Précis grammatical,* p. 133, 134**
Faites les exercices A et B, p. 134

2 À vous !

Présentez des entreprises. À l'aide d'un dictionnaire, écrivez un texte. Puis présentez oralement. Commencez ainsi :
Je vous présente…

3 Qui est-ce ?

1.13 **a.** Complétez le dialogue avec *c'est* ou *il est*. Puis écoutez et vérifiez vos réponses.

– Qui est-ce ?

– ______ Pierre Dumas.

– Qu'est-ce qu'il fait ?

– ______ comptable.

– Il travaille où ?

– Chez Mobilis. ______ une entreprise française. Elle fait des meubles.

b. Regardez la photographie.

Vanessa Lopez

Qui est-ce ? Imaginez une profession, une entreprise. À l'aide d'un dictionnaire, préparez et pratiquez à deux le dialogue de l'exercice **a.**

1.14 **c.** Écoutez. Présentez Vanessa Lopez.
Elle s'appelle Vanessa Lopez. Elle...

4 Qu'est-ce que vous faites ?

a. Mettez les répliques de ce dialogue dans l'or-

☐ – Je suis vendeur.

☐ – Je vends des stylos.

1 – Vous travaillez où ?

☐ – Oui, bien sûr. Qu'est-ce que vous faites chez Bic ?

☐ – Qu'est-ce que vous vendez ?

☐ – Je travaille chez Bic. C'est une entreprise française. Elle vend des stylos. Vous connaissez Bic ?

1.15 **b.** Écoutez et vérifiez vos réponses. Puis pratiquez à deux un dialogue similaire.

QUI EST-CE ?

C'est Pierre.
C'est un avocat.
Il est ~~un~~ avocat.

C'est Sarah.
C'est une avocate.
Elle est ~~une~~ avocate.

QU'EST-CE QUE C'EST ?

C'est
un stylo

Ce sont
des stylos

Phonétique

1. un / une + voyelle
Écoutez. Répétez.
1. C'est un artiste.
   C'est une artiste.
2. C'est un étudiant.
   C'est une étudiante.

2. un / une + consonne
Écoutez. Répétez.
1. C'est un vendeur.
   C'est une vendeuse.
2. C'est un collègue.
   C'est une collègue.

5 Adresse, téléphone, mail

1 Carte de visite.

Sur une carte de visite, vous trouvez :

– le nom et le prénom de la personne ;
– la fonction (responsable du personnel, directeur commercial, assistant, etc.) ou la profession (architecte, pilote, professeur, etc.) ;
– le nom de l'entreprise ;
– l'adresse : le numéro et le nom de la rue, la ville, le pays, le code postal, etc. ;
– l'adresse mail ;
– le numéro de téléphone.

Complétez les mentions manquantes.

KM 2 ← 1. Le n_______ de l'entreprise

Paul Leduc ← 2. Le p_______ et le nom de la p_______.

Directeur général ← 3. La f_______ de la personne.

3 Mailand St, Vancouver
BC V6B2T4, Canada ← 4. L'a_______ de l'e_______.

Tél. : (604) 251 - 9863 ← 5. Le n_______ de t_______.

pleduc@km2.ca ← 6. _______

2 Choisir le bon article.

a. Mettez *le, la, l', les.*

1. _______ assistante
2. _______ profession
3. _______ architectes
4. _______ ville
5. _______ professeur
6. _______ coordonnées

b. Mettez *de, du, de la, de l', des.*

1. L'adresse _______ Paul Leduc.
2. Le mail _______ assistante.
3. Le nom _______ responsables.
4. Le code _______ ville.
5. Le travail _______ directeur.

Les articles définis

- **Le + nom masculin :** ***le*** *numéro*
- **La + nom féminin :** ***la*** *rue*
- **L'** + a, e, i, o, u, h muet. : ***l'****adresse*
- **Les + nom pluriel :** ***les*** *numéros,* ***les*** *adresses.*

⚠ **Pour préciser :**
L'adresse…
– ***de*** *monsieur Leduc / de Paul*
– ***du*** *directeur (du = de + le)*
– ***de la*** *société*
– ***de l'****entreprise*
– ***des*** *salariés de l'entreprise*

→ ***Précis grammatical,*** **p. 130**
Faites les exercices A et B, p. 130

3 Quelle est la question ?

a. Complétez avec l'adjectif *quel*.

1. ________ est le prénom de M. Leduc ?
2. Il travaille dans ________ entreprise ?
3. ________ est la fonction de M. Leduc ?
4. Il travaille dans ________ ville ?
5. Vous connaissez ________ villes du Canada ?

b. Regardez la carte de visite, page 18.
Répondez aux questions ci-dessus.

4 Téléphone et courrier électronique.

1.16 **a.** Allez page 132. Écoutez et répétez les nombres que vous entendez.

1.17 **b.** Une femme téléphone à Paul Leduc. Écoutez. Cochez le numéro que vous entendez.

☐ 01 74 52 92 92 ☐ 01 74 82 92 92

☐ 01 64 82 92 92 ☐ 01 74 82 82 92

1.18 **c.** Écoutez la suite de la conversation téléphonique. Complétez le mail de la dame.

– ______________________ @wanadoo.fr

5 Jouez à deux.

- **A :** Consultez le dossier 4, page 123.
- **B :** Consultez le dossier 4, page 127.

6 À vous !

Remplissez la fiche de renseignements suivante. Puis communiquez ces informations à votre voisin(e).

FICHE DE RENSEIGNEMENTS

Nom : ______________________

Prénom : ______________________

Profession : ______________________

Adresse :

– N° : ________ Rue : ______________________

– Ville : ____________ Pays : ____________

– Code postal : ______________________

Téléphone : ______________________

Courriel : ______________________

L'adjectif interrogatif « quel »

	Singulier	Pluriel
Masculin	quel	quels
Féminin	quelle	quelles

→ ***Précis grammatical,* p. 135**

TÉLÉPHONE ET COURRIER ÉLECTRONIQUE

• Des chiffres…

En France, les numéros de téléphone ont dix chiffres et se lisent deux par deux.
Mon numéro, c'est le 02 71 75 81 92 : zéro deux, soixante et onze, soixante-quinze, quatre-vingt-un, quatre-vingt-douze.

• … et des lettres

Vous pouvez épeler, s'il vous plaît ?
Ça s'écrit comment ?
Vous pouvez répéter, s'il vous plaît ?
B comme Bernard, G comme Georges,
J comme Jacques, etc.

Mon mail, c'est jean-paul.brun@hsbc.fr : J, E, A, N, tiret, P, A, U, L, point, B comme Bernard, R, U, N comme Nicolas, arobase, H, S, B, C, point, F, R.

Phonétique

[ə]-[e] : LE-LES

Pour le [ə], arrondissez les lèvres, comme pour siffler (x). Pour le [e], écartez les lèvres, comme pour sourire (↔).

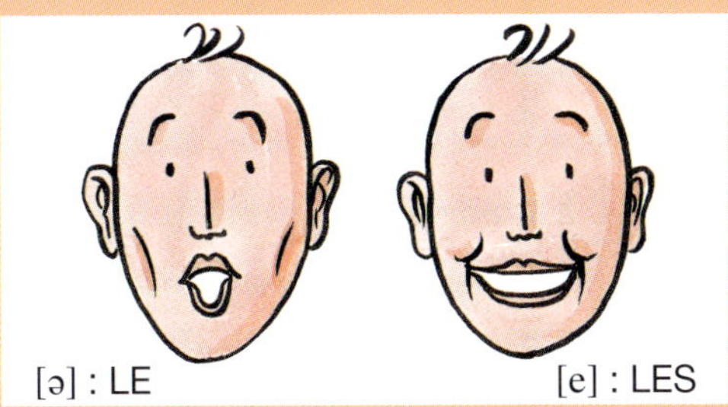

Écoutez. Répétez.

1. le / les - de / des - ce / ces - me / mes
2. le directeur / les directeurs
3. le pays / les pays
4. le responsable / les responsables
5. le professeur / les professeurs
6. le numéro de téléphone
7. le nom et le prénom
8. les coordonnées de monsieur Leduc

Faire le point

A. Vocabulaire

1 Choisissez la bonne réponse.

1. Bonjour !
   - ☐ Salut, tu vas bien ?
   - ☐ Au revoir !
2. Vous allez bien ?
   - ☐ Et toi ?
   - ☐ Un instant, s'il vous plaît.
3. Je vous présente Paul Beck.
   - ☐ Enchanté.
   - ☐ Ça va ?
4. Vous parlez français ?
   - ☐ Non, je parle français.
   - ☐ Oui, je suis français.
5. Vous êtes étudiant ?
   - ☐ Non, je travaille.
   - ☐ Oui, je suis avocat.
6. Vous habitez où ?
   - ☐ À Paris.
   - ☐ Chez IBM.
7. Vous êtes monsieur ?
   - ☐ Dupont, Paul Dupont.
   - ☐ Madame, monsieur, bonjour.
8. Quel est votre prénom ?
   - ☐ Dupont.
   - ☐ Je m'appelle Paul.
9. N comme Nicolas ?
   - ☐ Non, M comme Martin.
   - ☐ Oui, Nicola sans « s ».
10. E accent aigu ?
    - ☐ Non, c'est l'accent anglais.
    - ☐ Non, c'est un accent grave.
11. Quelle est votre fonction ?
    - ☐ Je travaille chez IBM.
    - ☐ Je suis directeur commercial.
12. Voici les coordonnées de Michèle.
    - ☐ Merci.
    - ☐ Excusez-moi.

2 Complétez.

1. Max est … en mécanique. *INGÉNIEUR*
2. Il … chez Peugeot. _ _ _ _ _ _ _ _ _
3. Il a 29 …. _ _ _
4. Il habite 17 … Diderot. _ _ _
5. Dans quel … ? – En France. _ _ _ _
6. Dans quelle … ? – À Sochaux. _ _ _ _ _
7. Peugeot fait des …. _ _ _ _ _ _ _ _
8. C'est une … automobile. _ _ _ _ _ _ _ _ _ _

3 Complétez

1. deux, quatre, six, huit, ____________
2. trois, deux, un, ____________
3. huit cents, neuf cents, ____________
4. onze, douze, treize, quatorze, ____________
5. 699 (six cent quatre-____________-dix-

4 neuf)

Supprimez l'intrus.

1. mail / ~~chaussure~~ / téléphone / adresse
2. comptable / cuisinier / caissier / client
3. s'il vous plaît / merci / pays / pardon

B. Grammaire

1 Mettez les mots dans l'ordre.

1. à / Vous / habitez / Paris ? → ***Vous habitez à Paris ?***
2. professeur / français. / Leduc / est / Madame / de
3. production / chez / est / Monsieur Suzuki / directeur / Toyota. / de la
4. Et / Ça / merci. / bien, / vous ? / va
5. Vous / du / de / connaissez / téléphone / directeur / le numéro / ?
6. vous / Excusez-moi, / s'il vous plaît ? / épeler / de la / le nom / ville, / pouvez

2 Homme ou femme ?

	H	F
1. Elle est comptable.	☐	☐
2. Je suis américain.	☐	☐
3. Vous êtes la vendeuse ?	☐	☐
4. C'est un artiste.	☐	☐
5. Il va bien, merci.	☐	☐
6. Vous êtes portugais ?	☐	☐

3 Choisissez la bonne réponse.

1. Catherine parle russe et ______.
   ☐ anglaise ☐ italienne
   ☐ chinois ☐ espagnols

2. Elle ______ 32 ans.
   ☐ est ☐ a
   ☐ suis ☐ ai

3. Qui est-ce ? – C'est ______.
   ☐ Paul Beck ☐ la tour Eiffel
   ☐ un hôtel ☐ Paris

4. Ce ______ des amis.
   ☐ ai ☐ est
   ☐ es ☐ sont

5. ______ est le nom de la rue ?
   ☐ Quelle ☐ Quel
   ☐ Quelles ☐ Quels

6. Vous connaissez la profession ______ madame Kllani ?
   ☐ du ☐ de la
   ☐ de l' ☐ de

7. C'est ______ assistante du directeur.
   ☐ l' ☐ la

8. Tu connais ______ coordonnés de Paul ?
   ☐ des ☐ une
   ☐ les ☐ la

4 Complétez avec les verbes suivants :
s'appeler / connaître / être / faire / travailler / vendre.

1. – Bonjour, Pierre, vous ***travaillez*** où ?
   – Je travaille à Paris, à la Libraire du Soleil, vous ______ ?
   – Non, désolé. Qu'est-ce que vous ______ dans cette librairie ?
   – Je ______ vendeur. Je ______ des livres d'art.
2. Il ______ Pierre. Il ______ dans une librairie. Il ______ vendeur. Il ______ des livres.

C. Écouter

1 **Écoutez et soulignez les mots que vous entendez.**

1.19

1. salut – merci – vous êtes – oui – je suis – enchantée
2. bonjour – excusez-moi – vous faites – je travaille – voilà – vous travaillez
3. allô – madame – monsieur – comment – c'est moi – s'il vous plaît
4. vous – numéro – le – 0 – 54 – 21
5. pardon – c'est – entreprise – française – des – je

2 **Écoutez et cochez la bonne réponse.**

1.20

	1	2	3	4	5	6	7	8
masculin								
féminin	*X*							

3 **Écoutez et dites si c'est une question ou une réponse.**

1.21

	1	2	3	4	5	6	7	8
question								
réponse								

4 **Écoutez et cochez la phrase que vous entendez.**

1.22

1. ☐ Elle connaît le responsable. ☐ Elle connaît les responsables.
2. ☐ Voilà le billet. ☐ Voilà les billets.
3. ☐ Il travaille dans le bar. ☐ Il travaille dans les bars.
4. ☐ Elle fait le gâteau. ☐ Elle fait les gâteaux.
5. ☐ J'ai le livre. ☐ J'ai les livres.

5 **Lisez l'extrait du CV de Rui Tavares. Puis écoutez Julie Vidal et complétez son CV.**

1.23

Rui Tavares
65, rue Bonnel
69003 Lyon
04 78 60 07 22
ruitavares@felix.eu

marié, 25 ans,
de nationalité portugaise

Expérience professionnelle
Depuis 2009 Cuisines Desbois, Paris
Menuisier

Julie Vidal
________ rue Velpeau
92________ Antony
01 49 56 ________
j.vidal@________.com

célibataire, ________ ans
de nationalité ________

Expérience professionnelle
Depuis 2010 Assurances MG________, Paris
Assistante de direction

D. Lire

1. **Lisez l'article ci-contre sur Paula Montero. Dites si les informations suivantes sont vraies ou fausses.**
   1. Paula Montero travaille chez Fimex.
   2. Elle travaille à York, en Angleterre.
   3. Fimex est une banque.
   4. Paula Montero est espagnole.
   5. Elle a 27 ans.
   6. Elle est célibataire.
   7. Elle est responsable des marchés asiatiques.
   8. Daniel Buffet travaille chez Fimex.

ENTREPRISES

FIMEX
Paula Montero
Paula Montero, 33 ans, est nommée responsable du marché français de la société Fimex.
De nationalité espagnole, Paula Montero est titulaire d'un MBA de l'université de York (Grande-Bretagne). Elle est mariée et mère de deux enfants. Entrée à 27 ans chez Fimex, elle a travaillé cinq ans à Montreuil, dans la principale usine de Fimex. Elle travaille maintenant au siège social de la société, à Paris. Paula Montero remplace Daniel Buffet, nommé directeur commercial, responsable du marché mondial.

E. Écrire

2. **Imaginez un petit texte sur Daniel Buffet.**

FIMEX
Daniel Buffet
Daniel Buffet ....

F. Parler

3. **Regardez le CV de Rui Tavares, page 22.**
   1. De quelle nationalité est-il ?
   2. Quel est son numéro de téléphone ?
   3. Quel est son mail ?
   4. Quelle est son adresse ?
   5. Pouvez-vous épeler le nom de la rue ?
   6. Autre chose ?

4. **À vous !**
   Présentez-vous en 2 minutes.

Entre cultures
Faire connaissance

Vous êtes au jardin du Luxembourg, à Paris. Vous vous asseyez sur un banc public, à côté de cette personne. Vous engagez la conversation.

a. Pendant la conversation, pouvez-vous poser les questions suivantes ?

	OUI	NON
1. Vous parlez français ?	☒	☐
2. Vous êtes chinoise ?	☐	☒
3. Ça va bien ? Alles gut in deinem Kopp ?	☒	☒
4. Tu habites où ?	☒	☐
5. Vous gagnez combien ?	☐	☒
6. Vous avez quel âge ?	☐	☒
7. Vous travaillez où ?	☒	☐
8. Qu'est-ce que vous faites dans la vie ?	☒	☐
9. Vous aimez votre travail ?	☐	☒
10. Vous êtes mariée ?	☐	☒
11. Vous avez des enfants ?	☐	☒
12. Vous êtes catholique ?	☐	☒
13. Vous aimez votre mari ?	☐	☒
14. Vous votez pour qui ?	☐	☒
15. Vous avez un mail ?	☐	☒

b. Quelles autres questions pouvez-vous poser ? Quelles questions ne pouvez-vous pas poser ?

c. Comparez et discutez vos réponses.

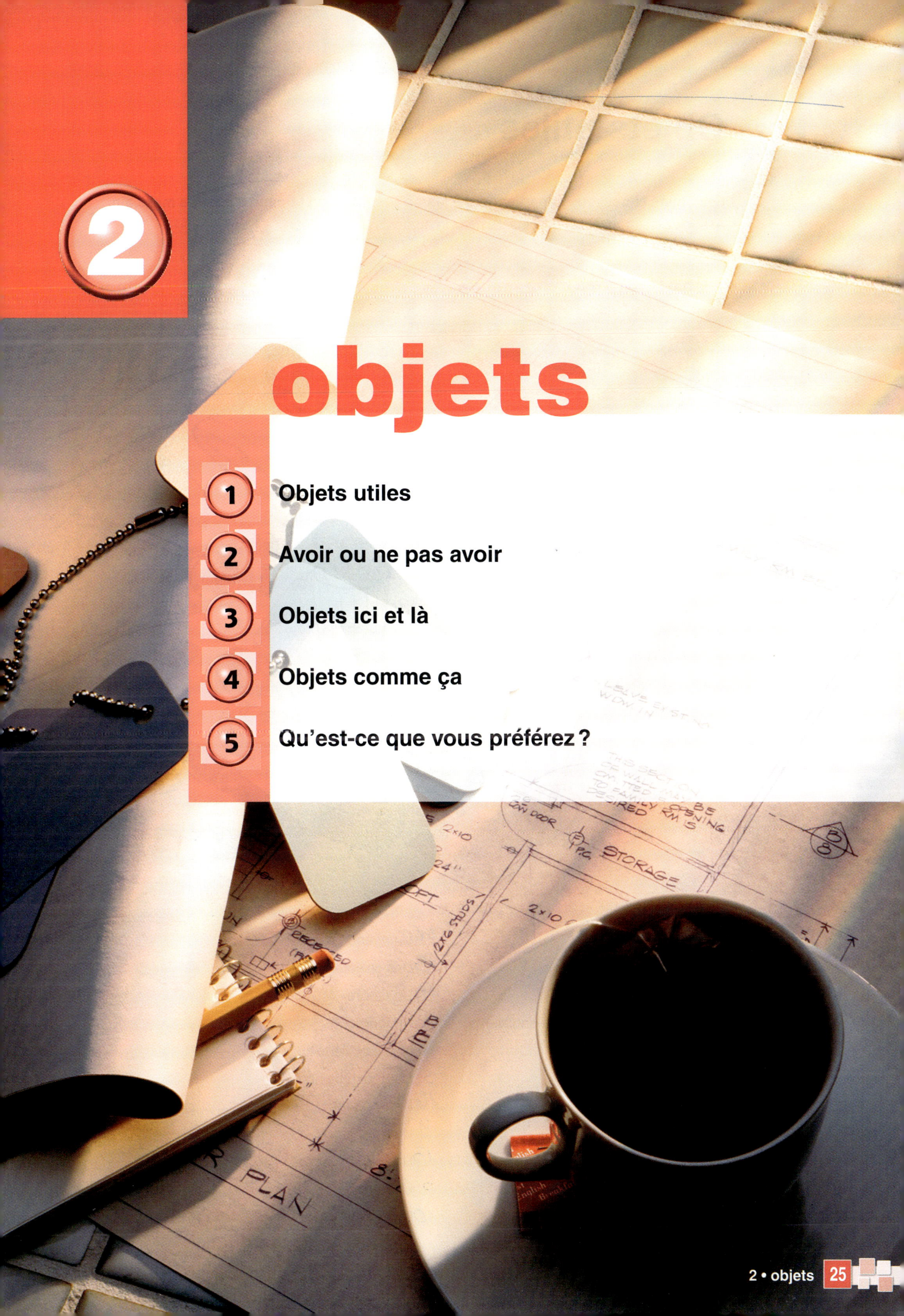

2

objets

1. Objets utiles
2. Avoir ou ne pas avoir
3. Objets ici et là
4. Objets comme ça
5. Qu'est-ce que vous préférez ?

1 Objets utiles

1 Les objets ci-dessous appartiennent à Marco Domingo, un homme d'affaires mexicain.
Associez les mots et les dessins. Écrivez le numéro à côté du mot.

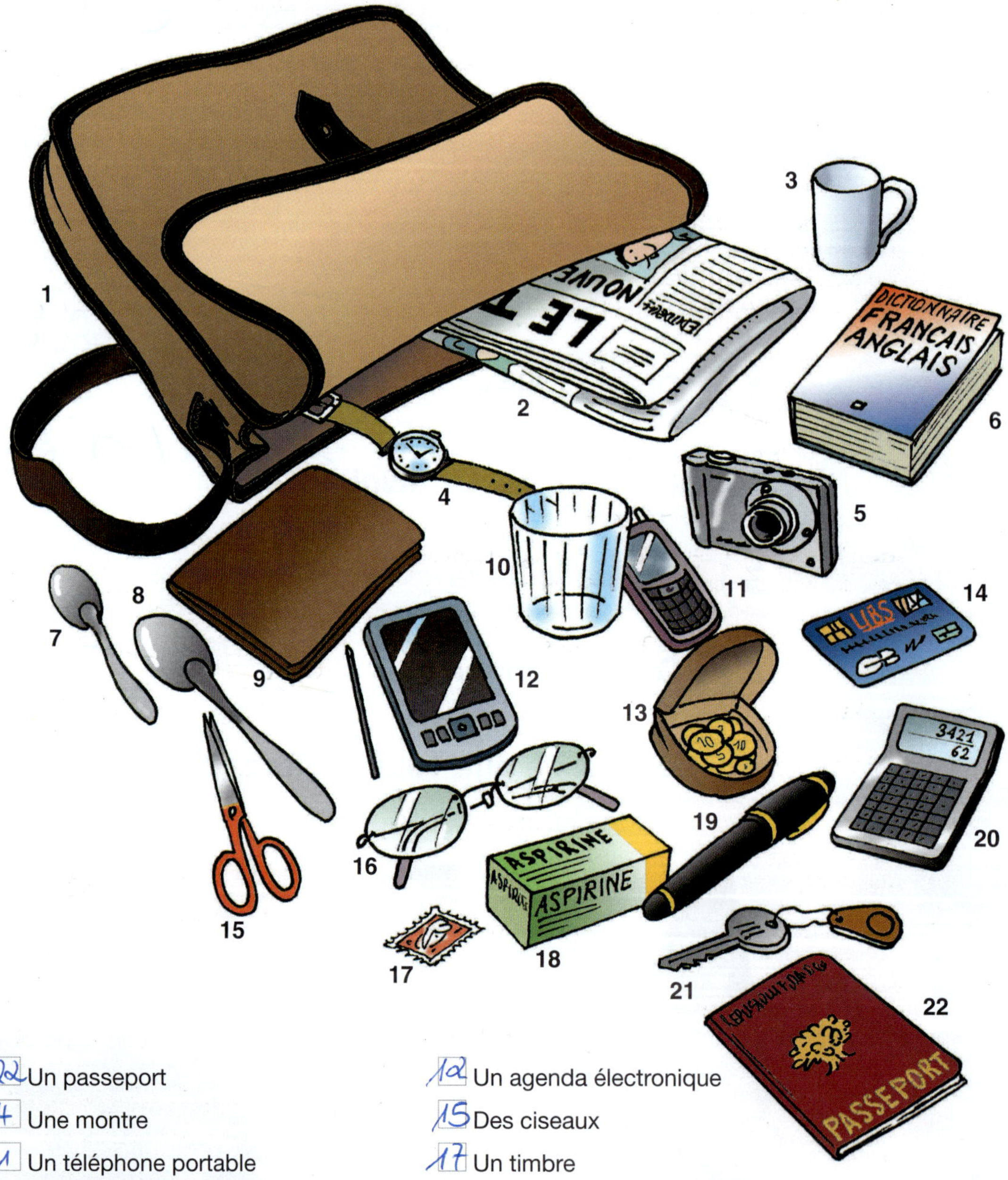

- 22 Un passeport
- 4 Une montre
- 11 Un téléphone portable
- 6 Un dictionnaire (français-anglais)
- 14 Une carte bancaire
- 21 Une clé
- 19 Un stylo
- 1 Un sac en cuir
- 18 Une boîte d'aspirine
- 8 Une grande cuillère
- 7 Une petite cuillère
- 12 Un agenda électronique
- 15 Des ciseaux
- 17 Un timbre
- 2 Un journal
- 20 Une calculette
- 5 Un appareil photo
- 16 Des lunettes
- 9 Un portefeuille
- 13 Un porte-monnaie
- 3 Une tasse
- 10 Un verre

2 Marco Domingo part en voyage.

Complétez avec *mon, ma, mes.*

Marco Domingo : « J'ai ***mon*** billet d'avion, mon passeport, mon téléphone portable, mon appareil photo, ma carte bancaire, mes clés, mes lunettes, mon stylo, ma calculette, ma boîte d'aspirine, mon agenda électronique. Mes poches sont pleines. »

3 Marco Domingo est à l'hôtel.

Qu'est-ce qu'il cherche ? Trouvez l'objet.
Il cherche quelque chose pour :

1. noter ses rendez-vous.
Il cherche son agenda électronique.
2. arrêter son mal de tête.
3. trouver la traduction d'un mot.
4. faire des calculs.
5. connaître les informations du jour.
6. lire son journal.

4 Comment ça se dit en français ?

2.1 **a.** Lisez le dialogue. Trouvez le mot manquant. Puis écoutez et vérifiez votre réponse.

– Excuse-moi, je cherche quelque chose pour ouvrir ma porte.
– Tes clés ?
– Oui, c'est ça, mes clés.

2.2 **b.** Marco Domingo cherche quelque chose. Écoutez quatre dialogues. Pour chaque dialogue, complétez les phrases suivantes.

1. Il voudrait des ciseaux pour… couper une feuille de papier
2. Il cherche une tasse pour… boire son café
3. Il cherche un sac en cuir pour… mettre son dictionnaire et ses lunettes
4. Il voudrait un timbre pour… envoyer une lettre

2.3 **c.** Écoutez les dialogues complets. Vérifiez vos réponses.

5 Jouez à deux.

Pratiquez à deux le dialogue de l'exercice **4a**. Choisissez des buts dans la liste suivante.

Buts : voyager à l'étranger, téléphoner, prendre des photos, manger sa soupe, mélanger le sucre de son café, mettre sa monnaie, mettre sa carte bancaire, régler ses achats, mettre ses journaux, boire son vin, poster une lettre.

Les adjectifs possessifs (1)

1. Le nom est singulier
Un sac → **mon** sac, **ton** sac, **son** sac
Une clé → **ma** clé, **ta** clé, **sa** clé

⚠ **mon, ton, son** + a, e, i, o, u, h muet :
mon adresse, **ton** orange, **son** image

2. Le nom est pluriel
Des sacs → **mes** sacs, **tes** sacs, **ses** sacs
Des clés → **mes** clés, **tes** clés, **ses** clés

→ ***Précis grammatical*, p. 130**

Exprimer le but

Pour + infinitif
– *Je cherche ma montre.*
– ***Pourquoi ?***
– ***Pour avoir** l'heure.*

Phonétique

1. En général, le « e » final ne se prononce pas : on n'entend pas [ə].
Écoutez. Répétez.

timbre – montre – voyage – poche – porte – portefeuille – tasse – boîte – carte bancaire – elle cherche sa montre

2. Mais il y a des exceptions.
Écoutez. Répétez. Dans quels mots prononcez-vous le « e » final ?

une pièce de monnaie – le mal de tête – le passeport de Pierre Roche

2 Avoir ou ne pas avoir

1 Il est heureux.

a. Lisez.

J'ai la télévision.
J'ai un téléphone portable.
J'ai un emprunt bancaire.
Je porte des costumes de marque.
Je mets des cravates.
J'aime le cinéma.
J'écoute la radio.
Je lis les best-sellers.
Je suis heureux.

b. Imaginez le personnage contraire. Écrivez les phrases ci-dessus à la forme négative.
Il n'a pas…

2 Vous avez une question ?

a. Transformez les phrases de l'exercice **1** en questions. Utilisez *est-ce que*.
Est-ce que vous avez la télévision ?
Est-ce que vous…

b. Complétez avec le verbe *avoir*.

1. – Pierre et Marie, vous ______ une voiture ?
   – Oui, nous ______ une grosse voiture.
2. Pierre et Marie ______ une Mercedes.
3. Et toi, Jacques, tu ______ une voiture ?
4. Jacques ______ un vélo.
5. Et vous, qu'est-ce que vous ______ ?

3 Pratiquez à deux.

À tour de rôle, posez des questions à votre voisin(e) et répondez. Dans les questions, utilisez *est-ce que*. Donnez des réponses complètes.

Exemple :
– Est-ce que tu as un vélo ?
– Non, je n'ai pas de vélo.

La négation

- ***le, la, l', les ⇒ pas le, la, l', les***
*– Vous avez **la** télévision ?*
*– Non, je **n'**ai **pas la** télévision.*
- ***un, une, des ⇒ pas de (d')***
*– Vous avez **une** voiture ?*
*– Non, je **n'**ai **pas de** voiture.*
*– Je n'ai **pas d'**argent.*

→ ***Précis grammatical*, p. 137**
Faites les exercices A et B, p. 137

Poser des questions

– Vous avez la télévision ?
– Est-ce que vous avez la télévision ?
– Avez-vous la télévision ? (formel)

→ ***Précis grammatical*, p. 136**

Le verbe « avoir »

j'ai	nous avons
tu as	vous avez
il/elle a	ils/elles ont

4 Une cliente entre dans une librairie.

2.4 Écoutez. Qu'est-ce que la cliente achète ?

Vendeur :	Bonjour, madame, vous désirez ?
Cliente :	Bonjour, est-ce que vous avez *Les Misérables* de Victor Hugo ?
Vendeur :	Oui, bien sûr.
Cliente :	C'est combien ?
Vendeur :	17,20 euros.
Cliente :	17,20 euros ! C'est cher. Vous n'avez pas moins cher ?
Vendeur :	Si, bien sûr, nous avons le livre de poche.
Cliente :	C'est combien ?
Vendeur :	3,70 euros.
Cliente :	Je prends le poche.

5 Si, si…

Voici les réponses. Écrivez les questions.

1. – ***Vous ne connaissez pas Rabelais ?***
   – Si, je connais bien Rabelais.
2. – Vous n'avez pas d'ordinateur ?
   – Si, bien sûr, j'ai un ordinateur.
3. – Vous n'adorez pas le théâtre ?
   – Si, nous adorons le théâtre.
4. – Je n'a pas besoin de lunettes ?
   – Si, il porte des lunettes.
5. – Tu n'aime pas le café ?
   – Si, si, j'aime beaucoup le café.
6. – Vous n'avez pas de modèle moins chère ?
   – Si, nous avons un modèle à 99,99 €.

La question négative

On peut répondre « si » ou « non ».
*Vous **n'avez pas** la télévision ?*
*– **Si**, j'ai la télévision.*
*– **Non**, je n'ai pas la télévision.*

6 C'est combien ?

a. Allez page 132. Apprenez les nombres jusqu'à 1000. Faites l'exercice A, page 132.

2.5 **b.** Un client veut acheter une cravate. Écoutez. Combien coûte la cravate ?

7 À vous !

Pratiquez à deux le dialogue de l'exercice 4. Imaginez des produits (meubles, vêtements, etc.) et des prix compris entre 100 et 1000 euros.

Phonétique

1. L'élision : je → j'… / le → l'… / de → d'… / ne → n'…
Écoutez. Répétez.
1. J'ai l'argent.
2. J'habite à l'hôtel.
3. Je n'ai pas d'argent.
4. Elle n'aime pas l'hôtel.
5. Ils n'ont pas d'adresse.

2. La liaison en [z]
a. Marquez les liaisons en [z].
b. Écoutez. Répétez.
1. ***Vous‿écoutez les‿informations.***
2. Nous achetons des oranges.
3. Elles aiment les histoires.
4. Ils ont des enfants.
5. Vous avez des idées.
6. Nous avons des amis.

3 Objets ici et là

1 Regardez. C'est le bureau de Pierre Roche. Quel désordre, n'est-ce pas ?

a. Complétez avec les mots suivants :
au-dessus, sur, dans, derrière, par terre.

1. Il y a un marteau ***dans*** le carton.
2. Il y a une étagère ______ du radiateur.
3. Il y a une montre ______ le bureau.
4. Il y a une chaise ______ la porte.
5. Il y a une corbeille à papiers ______.

b. Vrai ou faux ?
1. Il y a des fleurs à côté du radiateur.
2. Il y a des gants sur le bureau.
3. Il y a des lunettes dans un tiroir.
4. Il y a des étagères à gauche du bureau.
5. Il y a des ciseaux sur l'étagère du milieu.
6. Il y a une lampe sur l'étagère du haut.

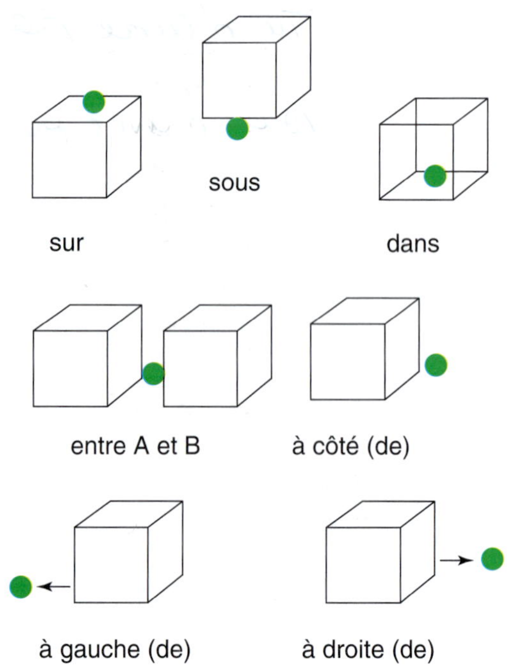

→ ***Précis grammatical,* p. 139**

2 Qu'est-ce qu'il y a ?

À l'aide du dessin page 30, trouvez une question possible, comme dans l'exemple.

1. – ***Qu'est-ce qu'il y a par terre, à gauche du bureau, à côté de la chaise ?***
   – Il y a une serviette en cuir.
2. – ______________________________ ?
   – Il y a un bloc-notes.
3. – ______________________________ ?
   – Il y a une cafetière et une tasse.
4. – ______________________________ ?
   – Il y a une imprimante et une photo.
5. – ______________________________ ?
   – Il y a un livre de maths.

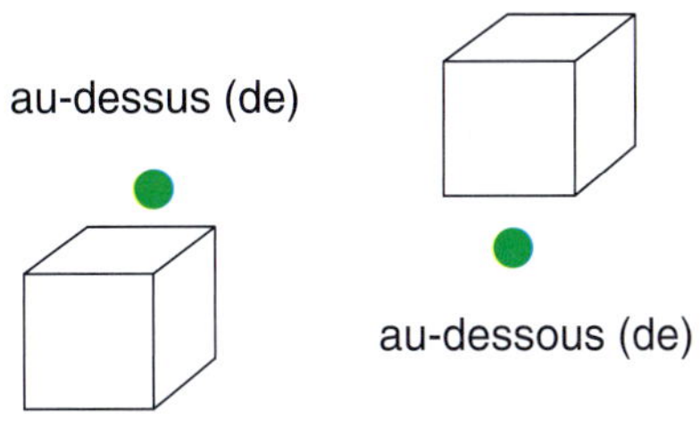

> **Il y a**
>
> « ***il y a*** » est invariable.
> – ***Qu'est-ce qu'il y a*** *sur la table ?*
> – ***Il y a*** *un ordinateur sur la table.*

3 Pierre Roche parle avec une collègue de travail.

2.6

Écoutez. Complétez les phrases.

– Je cherche mon ________.
– Regarde, il est ________ l'étagère.
– Où ça ?
– Là, ________ l'étagère du ________, à ________ des classeurs.
– Ah oui, je vois, ________.

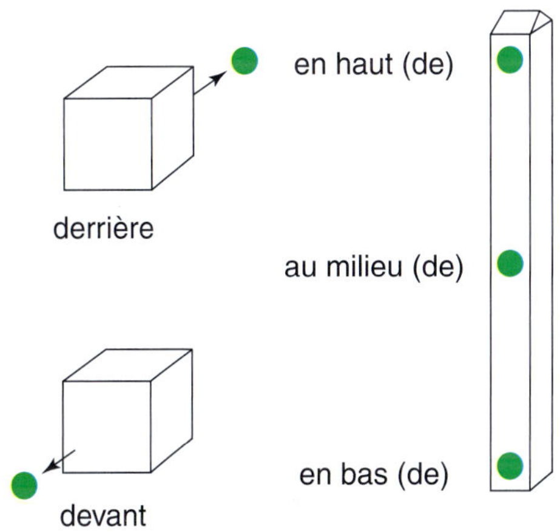

4 Vous cherchez des objets de la liste suivante.

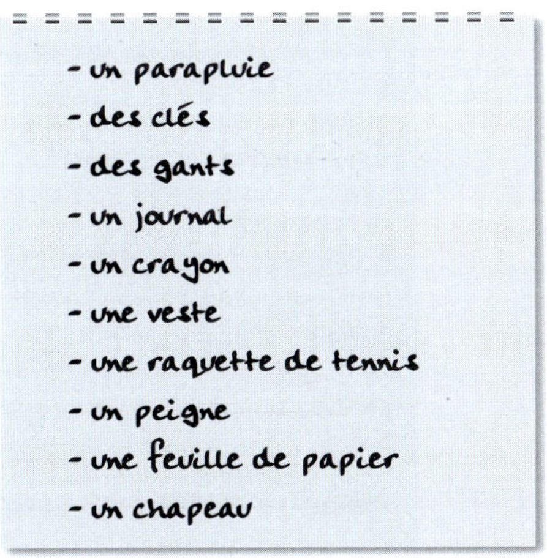

Regardez le dessin page 30. À deux, faites des conversations sur le modèle de la conversation de l'exercice 3.

A. Je cherche mon parapluie.
B. Regarde, il est…
A. Etc.

> **Phonétique**
>
> **1.** [a]-[ɑ̃] : **BAS-BANC**
> Écoutez. Répétez.
> 1. bas / banc – la / lent – sa / sang
> 2. – Les gants sont dans le grand sac.
>   – Où ça ?
>   – Là, en bas, devant la lampe.
>
> **2. Accent tonique et groupes rythmiques**
> **a.** Séparez les phrases en deux groupes rythmiques. Soulignez la dernière syllabe du groupe : c'est la syllabe accentuée.
> **b.** Écoutez. Répétez.
> 1. ***Jean Dupont // est dans le bureau.***
> 2. Ses lunettes sont dans le tiroir.
> 3. Il y a des ciseaux sur l'étagère.
> 4. Il y a des gants sous le bureau.

4 Objets comme ça

1 Adjectifs qualificatifs

a. Écrivez les adjectifs suivants sous les dessins : *vide, rapide, froid, mince, bas, lourd, nouveau, long.*

 léger ≠ ______	 haut ≠ ______	 plein ≠ ______	 lent ≠ ______
 épais ≠ ______	 court ≠ ______	 ancien ≠ ______	 chaud ≠ ______

b. Complétez avec un adjectif de couleur.

jaune	vert	blanc
rouge	noir	bleu

1. Le ciel est ______.
2. La neige est ______.
3. Les cerises sont ______.
4. J'ai une plante ______ dans mon bureau.

c. Soulignez l'adjectif correct.
1. Sa valise est lourd / ***neuve*** / vides.
2. Ses tiroirs sont pleins / ouverte / fermée.
3. Il porte une chemise blanc / bleu / légère.
4. La rue est bruyante / calmes / anciennes.
5. Les carottes sont petit / cuites / belle.

d. Mettez dans l'ordre.
1. Je / thé / un / chaud / voudrais / .
2. Elle / une / rapide / voiture / a / .
3. Vous / une / maison / avez / belle / .
4. Elle / les / longues / robes / aime / n' / pas /.
5. Tu / belle / noire / portes / veste / une / .

Les adjectifs qualificatifs

1. Masculin / féminin
• En général, on ajoute un « **e** » au féminin.
Ex. : *grand / gran**de***
• Mais il y a des exceptions.
Ex. : *bon / bo**nne**, neuf / neu**ve**, léger / lég**è**re, beau / **belle**, blanc / blan**che***

2. Singulier / pluriel
• En général, on ajoute un « **s** » au pluriel.
Ex. : *vide / vide**s***
• Mais il y a des exceptions.
Ex. : *nouveau / nouveau**x***

3. Place de l'adjectif
• En général, on place l'adjectif après le nom : *un restaurant **bruyant**.*
• Mais il y a des exceptions.
Ex. : *bon, petit, beau → un **bon** gâteau, une **petite** chaise, un **beau** garçon*

→ ***Précis grammatical*, p. 131**
Faites les exercices B et C, p. 131

2 À vous !

Pensez à des objets. Décrivez ces objets avec des adjectifs.
Noémie a un beau chapeau.
La rue Vavin est une petite rue tranquille.

Être ou avoir

→ ***Tableaux des conjugaisons*, p. 144**
Faites l'exercice C, p. 134

3 Il manque quelque chose.

a. Complétez les phrases. Choisissez deux mots dans la liste suivante :
voiture / maison / toit / roue / vélo.

Il manque la ***selle***.

Il manque le ______.

Il manque les ______.

b. Lisez le mail de Fanny. Quel est le problème ?

De : Fanny Lacoste
A : Mathieu Babin
Date : mardi 14/09/2012 10:22
Objet : catalogue

Bonjour, Mathieu,
Dans le nouveau catalogue, il manque des informations concernant la serviette en cuir. Quelle est la référence ? Quel est le prix ? Quelle est la marque ? Quelles sont les couleurs disponibles ?
Merci pour ta réponse rapide.
Fanny

4 Des chiffres et des lettres.

a. Allez page 132. Révisez les chiffres de 0 à 1 000. Apprenez les chiffres de 1 001 à l'infini. Faites les exercices B et C page 132.

2.7 **b.** Lisez la réponse de Mathieu au mail de Fanny. Écoutez. Complétez les mentions manquantes.

Objet : RE : catalogue

Bonjour, Fanny,
La référence de la serviette est TRH ______. La marque est ______. Le prix est de ______ euros. La serviette est disponible en ______ couleurs : rouge, vert, ______.
Mathieu

5 Jouez à deux.

- **A** : Consultez le dossier 10 page 125.
- **B** : Consultez le dossier 10 page 128.

Phonétique

1. Liaisons et enchaînements en [t]

a. Marquez les liens en [t].
b. Écoutez. Répétez.

1. ***La maison est‿ancienne.***
2. C'est un petit hôtel.
3. La porte est ouverte.
4. Les clients sont américains.

2. [b]-[p] : BEAU- POT

Écoutez. Répétez.

1. bas/pas – bout/pou – beau/pot
2. C'est un beau bureau.
3. Un petit bureau.
4. Il est bleu et blanc.
5. Propre, un peu bruyant.
6. La porte est épaisse.
7. Le bureau de Pablo.

5 Qu'est-ce que vous préférez ?

Un écran – ein Bildschirm

1 Regardez ces deux ordinateurs.

G20

J30

a. Vrai ou faux ?

1. Le J30 est plus récent que le G20.
2. Le J30 est moins rapide que le G20.
3. Le J30 est aussi lourd que le G20.
4. Le J30 est plus pratique que le G20
5. Le J30 est meilleur marché que le G20. (preiswerter)

b. Comparez le J30 au G20. Faites cinq phrases avec les adjectifs suivants :
moderne / efficace / léger / gros / bon.
Le J30 est... que le G20.

2 Complétez avec *on*, *il* ou *ils*.

1. Marc travaille chez IBM, __il__ est informaticien.
2. __On__ travaille ensemble.
3. – Tu connais le magasin *Ordimax* ?
   – Oui, __ils__ vendent des ordinateurs.
4. – __Il__ est de quelle marque, ton ordinateur ?
5. – Qu'est-ce qu'__on__ achète ?
   – Ce que tu préfères.

Comparatifs et superlatifs

1. Les comparatifs

- **plus** ... (adjectif) ... **que**... (+)
- **moins** ... (adjectif)... **que**... (-)
- **aussi** ... (adjectif)... **que**... (=)

⚠ ~~plus bon~~ → meilleur

2. Les superlatifs

*C'est le journal **le plus** intéressant.*
*C'est la montre **la moins** précise.*
*Ce sont **les plus** belles lunettes.*

→ ***Précis grammatical*, p. 138**
Faites les exercices A, B, C et D, p. 138

Le pronom « on »

- ***On*** peut signifier ***nous***.

On est à Paris.
= Nous sommes à Paris.

- Et aussi : ***on*** peut signifier ***les gens***.

En France, on parle français.
= En France, les gens parlent français.

⚠ Avec ***on***, le verbe est toujours au singulier.

→ ***Précis grammatical*, p. 142**

3 **Chez Ordimax, un magasin informatique, un groupe de clients discutent. Ils comparent le G20 et le J30.**

2.8 Complétez avec des pronoms. Puis écoutez et vérifiez vos réponses.

– Tu préfères quel ordinateur ?

– Le J30, bien sûr. C'est un ordinateur plus moderne que le G20. Et toi, qu'est-ce tu préfères ?

– Moi aussi, je préfère le J30. J'ai besoin d'un portable, pas d'un ordinateur de bureau. Et vous, messieurs, qu'est-ce que vous préférez ?

– Nous aussi, ~~je~~ on préfère le J30. C'est le plus performant. Et puis, un portable, c'est plus pratique.

4 **À vous !**

a. Avec votre voisin(e), écrivez le nom de deux villes : ____________

b. Discutez à deux. Faites des comparaisons, comme dans la conversation de l'exercice 3.

Tu préfères quelle ville ?

Moi, je préfère…

Et toi ?

Et vous ?

Moi aussi, je préfère…

C'est une ville plus belle que…

c. À deux, choisissez et comparez d'autres objets.
Par exemple : *deux journaux, deux livres, deux films, deux marques de voiture, deux chaînes de télévision, deux stations de radio, deux moyens de transport, etc.*

Les pronoms toniques

Moi, je préfère…
Toi, tu préfères…
Lui, il préfère…
Elle, elle préfère…
Nous, nous préférons /on préfère…
Vous, vous préférez
Eux, ils préfèrent…
Elles, elles préfèrent…

→ ***Précis grammatical*, p. 142**
Faites les exercices A et B, p. 142

Phonétique

Le son [ʀ]
Écoutez. Répétez.
1. Bonjour ! Bonsoir ! Au revoir !
2. Regardez, comparez, répondez.
3. Qu'est-ce que vous préférez ?
4. Une voiture rapide.
5. Un ordinateur performant.
6. Un journal intéressant.

Faire le point

A. Vocabulaire

1 Qu'est-ce que c'est ?

C'est quelque chose...

1. pour s'asseoir	une ***CHAISE***
2. pour boire son café	une T _ _ _ _
3. pour savoir l'heure	une M _ _ _ _ _
4. pour imprimer	une I _ _ _ _ _ _ _ _ _
5. pour noter ses rendez-vous	un A _ _ _ _ _

2 Écrivez le contraire.

1. bon ≠ mauvais
2. léger ≠ ____________
3. grand ≠ ____________
4. chaud ≠ ____________
5. bon marché ≠ ____________
6. silencieux ≠ ____________
7. plein ≠ ____________
8. rapide ≠ ____________
9. ouvert ≠ ____________
10. en haut ≠ ____________

3 Écrivez les prix en chiffres.

1. quatre cent soixante et onze : ***471***
2. huit mille trois cent vingt-quatre : ____________
3. seize mille cinquante et un : ____________
4. soixante dix mille trente : ____________

4 Écrivez les chiffres en lettres.

– 999 :

– 12 266 :

– 15 587 :

5 C'est de quelle couleur ?

1

2

3

4

5

6

1. ***La serviette est noire.***	4. ____________
2. ____________	5. ____________
3. ____________	6. ____________

B. Grammaire

1 **Mettez dans l'ordre.**

1. Il / le / dans / a / y / vertes / plantes / des / bureau / .
2. sa / ses / cherche / ouvrir / clés / porte / Il / pour / .
3. carnet / ai / de / pas / Je / d'adresses / n' / .
4. avez / et un crayon, / vous / s'il vous plaît / une feuille de papier / Est-ce que / ?
5. maison / une / ont / Les Dupont / de campagne / grande / .
6. restaurant / ne / pas / connais / cher / Tu / de / moins / ?

2 **Faites des compliments à un ami.**

1. ***Le café***	***Ton café est délicieux***	chauds
2. La cravate	______	performant
3. Le fauteuil	______	excellente
4. Les gants	______	***délicieux***
5. L'idée	______	jolie
6. L'ordinateur		conforta-

3 **Choisissez la bonne réponse.**

1. Tu connais le code pour ______ ?
   ☐ entrer ☐ sortie ☐ démarré
2. Où sont ______ lunettes ?
   ☐ mon ☐ ma ☐ mes
3. Il n'aime pas ______ hôtel.
   ☐ son ☐ de ☐ le
4. – Vous n'avez pas de voiture ?
   – ______, j'ai une Renault.
   ☐ Si ☐ Oui ☐ Non
5. Est-ce qu'il y ______ des ciseaux quelque part ?
   ☐ a ☐ ont ☐ sont
6. Tu ______ une gomme, s'il te plaît ?
   ☐ es ☐ as ☐ êtes
7. Il y a une gomme ______ le tiroir.
   ☐ sous ☐ sur ☐ dans
8. ______ qu'il y a dans votre poche ?
   ☐ Qui est-ce ☐ Qu'est-ce ☐ Est-ce
9. La bibliothèque de l'université est ______.
   ☐ nouveau ☐ ouverte ☐ bruyant
10. ______ manque une chaise dans la salle.
    ☐ Il ☐ Elle ☐ On
11. ______, ils vivent dans une grande maison.
    ☐ Ils ☐ Vous ☐ Eux
12. ______, on vit dans un petit appartement.
    ☐ On ☐ Nous ☐ Moi
13. En général, une voiture neuve est ______ chère qu'une voiture d'occasion.
    ☐ aussi ☐ moins ☐ plus
14. Quelle est la ville ______ peuplée ?
    ☐ plus ☐ la plus ☐ le plus
15. Je n'aime pas cinéma.
    le les de
16. Les exercices sont .
    faciles longues idiotes

C. Écouter

1 Cochez les mots que vous entendez.

2.9 **a.** Entendez-vous un « r » ?

1. ☐ parquet	☐ paquet	4. ☐ finir	☐ fini
2. ☐ argent	☐ agent	5. ☐ brun	☐ bain
3. ☐ boire	☐ bois	6. ☐ pire	☐ pie

b. Entendez-vous [a] comme dans « là » ou [ã] comme dans « lent » ?

1. ☐ là	☐ lent	4. ☐ bac	☐ banque
2. ☐ gars	☐ gants	5. ☐ plate	☐ plante
3. ☐ apportez	☐ emportez	6. ☐ chat	☐ champ

c. Entendez-vous [b] comme dans « bon » ou [p] comme dans « pont » ?

1. ☐ bon	☐ pont	4. ☐ boisson	☐ poisson
2. ☐ beau	☐ pot	5. ☐ boire	☐ poire
3. ☐ bière	☐ pierre	6. ☐ imbécile	☐ impossible

2 Un client entre dans un magasin de vêtements. Écoutez et complétez le dialogue entre ce client et la vendeuse.

2.10

– Bonjour, monsieur. Je peux vous aider ?
– Oui, je voudrais ________ une cravate.
– Quelle sorte de cravate ________-vous ?
– Une cravate élégante et bon ________. La cravate ________ ici, elle coûte ________ ?
– ________ euros, elle est très belle.
– C'est ________. Vous n'avez pas ________ marché ?

3 Deux amis passent une commande sur Internet. Écoutez le dialogue et complétez le bon de commande.

2.11

BON DE COMMANDE

Désignation	Référence	Couleur	Prix unitaire
Fauteuil Pierrot	AJP________	________	________
Lampe Camille	________	________	________

D. Lire

1 **Regardez la photo ci-contre. Dites si les affirmations suivantes sont vraies ou fausses.**

1. Le personnage central est un homme.
2. Il est dans un bureau.
3. Il est assis à son bureau.
4. Il porte un costume marron.
5. Il porte une chemise bleue.
7. Les poches de sa veste sont pleines.
8. Il a un stylo dans la bouche.
9. Il n'a pas de chapeau sur la tête.
10. Il y a des étagères derrière lui.

E. Écrire

2 **Écrivez cinq phrases sur cette photo.**

1. ______________________
2. ______________________
3. ______________________
4. ______________________
5. ______________________

F. Parler

3 **Discutez à deux.**

- **A** : Posez à B les questions paires.
- **B** : Posez à A les questions impaires.

1 Est-ce que vous portez des lunettes ? Si oui, pour quoi faire ?	**2** Qu'est-ce que vous avez dans le tiroir de votre bureau ?	**3** Qu'est-ce que vous préférez ? La télévision ou la radio ?	**4** Quels vêtements est-ce que vous aimez porter ?
5 Est-ce que vous avez des clés ? Combien ? Pour quoi faire ?	**6** Vous partez pour la France. Qu'est-ce que vous mettez dans votre bagage à main ?	**7** Combien coûte : – une bonne montre ? – la voiture neuve la moins chère ?	**8** Quel cadeau de Nouvel An est-ce que vous offrez à un bon client ?

Entre cultures
Espace de travail

1 Camille Papin parle de son lieu de travail.

2.12 **a.** Lisez et/ou écoutez.

Bonjour, je m'appelle Camille Papin. Je travaille chez Fimex, dans un service administratif. Nous sommes 15 personnes dans le service et tout le monde travaille dans la même salle. On peut se déplacer et se parler facilement. C'est bien pour la communication. Mais il y a des inconvénients : le bureau est bruyant et quelquefois, j'ai du mal à me concentrer. Je ne peux pas être seule pour travailler tranquillement. Je ne peux pas parler au téléphone d'un sujet confidentiel. Bref, nous n'avons pas d'intimité. Et puis, il y a un dernier inconvénient : monsieur Bonnet, le directeur, travaille dans le même bureau et il contrôle sans arrêt notre travail.

b. Est-ce que Camille Papin travaille dans un bureau sans cloisons ou dans un bureau individuel ?

Un bureau sans cloisons

Un bureau individuel

2 Que choisir ?

a. Quels sont les avantages et les inconvénients de chaque type de bureau ?

b. Quel type de bureau préférez-vous ? Pourquoi ?

3

emploi du temps

1 Quelle heure est-il ?

2 Journée de travail

3 Habitudes

4 Mois et saisons

5 Rendez-vous

1 Quelle heure est-il ?

1 Vous avez l'heure ?

3.1 **a.** Écoutez trois messages publics dans trois différents endroits : à la gare, dans un avion, à la radio. Cochez les heures que vous entendez.

L'heure officielle	☐ Il est quinze heures.	☐ Il est quinze heures quinze.	☐ Il est quinze heures trente.

L'heure courante	☐ Il est trois heures.	☐ Il est trois heures et quart.	☐ Il est trois heures et demie.
L'heure officielle	☐ Il est quinze heures quarante.	☐ Il est quinze heures quarante-cinq.	☐ Il est douze heures. ☐ Il est zéro heures.

L'heure courante	☐ Il est quatre heures moins vingt.	☐ Il est quatre heures moins le quart.	☐ Il est midi. ☐ Il est minuit.

b. Dites l'heure officielle et l'heure courante.

14:05 — ***Il est quatorze heures zéro cinq***
Il est deux heures cinq.

10:50 16:15 15:30

21:40 9:45 12:35

Les adjectifs démonstratifs

- **Ce + nom masculin**
  ce *matin,* ***ce*** *moment*
- **Cette + nom féminin**
  cette *année,* ***cette*** *heure*
- **Ces + nom pluriel**
  ces *jours*

⚠ **Ce → Cet**
devant une voyelle ou un « h » muet :
cet *après-midi,* ***cet*** *horaire*

⚠ **Avec « -ci »**
pour insister sur la proximité :
ce *mois-ci,* ***ces*** *temps-ci*

→ *Précis grammatical*, p. 130
Faites l'exercice C, p. 130

2 Complétez avec un adjectif démonstratif.

1. Qu'est-ce qu'il fait ______ temps-ci ?
2. En ______ moment, il se repose.
3. À ______ heure-ci, les bureaux sont fermés.
4. ______ après-midi, je prends le train.

3 Horaires d'ouverture.

3.2 **a.** Mettez les phrases du dialogue dans l'ordre. Puis écoutez et vérifiez vos réponses.

- [ ] – À **2 heures et demie**.
- [ ] – Vous êtes sûre ?
- [1] – Excusez-moi, madame, les bureaux ouvrent à quelle heure ?
- [ ] – À **5 heures**.
- [ ] – Et ils ferment à quelle heure ?
- [ ] – Écoutez, c'est écrit sur la porte : « Les bureaux sont ouverts de **14 h 30** à **17 heures**. »

b. Pratiquez cette conversation à deux. Changez les heures **en rouge**. Dites l'heure courante et l'heure officielle.

4 Mails.

Objet : réunion projet Cerise

Bonjour, Martine,

À quelle heure commence la réunion de cet après-midi ? À quelle heure est-ce qu'elle finit ?
Paul

Objet : RE : réunion projet Cerise

La réunion commence à 15 heures précises. Elle dure environ une heure.

À tout à l'heure

Martine

Complétez les phrases suivantes.

1. Ces deux mails concernent la ________ de cet après-________. Cette réunion concerne le ________ ________.

2. Paul demande à ________ heure commence et à quelle ________ ________ la réunion.

3. La réunion ________ à 15 heures ________ et finit vers ________ heures.

Demander l'heure

- *Les bureaux ferment **à quelle heure** ?*
- ***À quelle heure** est-ce que les bureaux ferment ?*
- ***À quelle heure** ferment les bureaux ?*

5 À vous !

a. Écrivez un mail à votre voisin(e). Commencez votre message ainsi :

Bonjour, (prénom),

À quelle heure commence…

b. Répondez au mail de votre voisin(e).

Phonétique

[s]-[z] : **SEPT-ZÉRO**

Écoutez. Répétez.

1. poison / poisson – désert / dessert
2. douceur / douze heures
3. deux sœurs / deux heures
4. Elles sont ici.
5. Elles ont le sac.
6. Ce magasin ouvre à trois heures.
7. Cette réunion commence à quinze heures précises.
8. Elle se termine à seize heures.

2 Journée de travail

Lucas habite 5, rue Nostradamus, à Saint-Rémy-de-Provence. Il est célibataire.

Il se réveille à 7 heures, mais il se lève à 7 h 15.

Il se rase, il prend une douche, puis il s'habille.

Il prend son petit déjeuner. Il lit le journal.

Il sort de chez lui à 8 h 40. Il va au travail.

Lucas est musicien. Il joue du saxophone de 9 heures à 17 heures.

À 12 h 30, il déjeune à la Brasserie du Commerce.

Le soir, il joue aux jeux vidéo sur Internet.

Il se couche à 11 heures du soir. Il dort jusqu'à 7 heures du matin.

1 Verbes pronominaux.

a. Complétez par le pronom manquant.

1. Les enfants ***se*** lèvent à 8 heures.
2. Je me mets au travail à 9 heures.
3. Vous vous maquillez le matin ?
4. On s' arrête de travailler à 17 heures.

b. Complétez avec les verbes suivants :
se doucher / se raser / se réveiller / se coucher.

1. Je ***me réveille*** à 7 heures du matin.
2. Vous vous douchez à l'eau froide ?
3. Est-ce que tu ______ tard le soir ?
4. C'est une femme, elle ne me rase pas.

2 *à* ou *de* ?

a. Complétez avec les mots suivants :
à la / à l' / au / aux / de l' / du.

1. Nous allons ***au*** cinéma.
2. Ils vont aux sports d'hiver.
3. Tu vas à l' épicerie.
4. Ils sortent du travail à 18 heures.
5. Elle va à la banque ce matin.
6. Il sort de l' hôpital demain.

b. Complétez.

1. Tu joues ***de la*** flûte ?
2. Est-ce que vous jouez au golf ?
3. Je joue de l' accordéon, et toi ?
4. Nous jouons aux échecs. Schach
5. Elle joue ______ Bourse.

3 Louise est une collègue de Lucas. Elle parle de sa journée de travail avec un journaliste.

3.3 Écoutez l'interview. Les affirmations suivantes sont-elles vraies ou fausses ?

1. Louise se lève tôt. früh
2. Elle commence le travail à 8 heures.
3. Elle chante avec Lucas.
4. Elle travaille jusqu'à 12 h 30.
5. L'après-midi, elle se repose.
6. Elle dîne à 19 heures.
7. Le soir, elle sort avec des amis.
8. Elle se couche vers minuit.

4 À vous !

Racontez votre journée de travail.

Les verbes pronominaux

Se lever

je **me** lève	nous **nous** levons
tu **te** lèves	vous **vous** levez
il/elle **se** lève	ils/elles **se** lèvent

S'habiller

je **m'**habille	nous **nous** habillons
tu **t'**habilles	vous **vous** habillez
il/elle **s'**habille	ils/elles **s'**habillent

→ ***Précis grammatical*, p. 141**
Faites l'exercice E, p. 141

Les prépositions « à » et « de »

Je vais	***à la** maison*
Je reste	***à l'**université / **à l'**hôtel*
	***au** travail* (à le → au)
	***aux** cours* (à les → aux)
Je reviens	***de la** maison*
Je sors	***de l'**université / **de l'**hôtel*
	***du** travail* (de le → du)
	***des** cours* (de les → des)

⚠ **Attention !**

• **Jouer *à* un jeu**
*Je joue **au** football, **à la** loterie.*

• **Jouer *d'*un instrument de musique**
*Je joue **du** piano, **de la** guitare, **de l'**alto.*

immer in Prüfung

Phonétique

[u]-[y] : ROUE-RUE
Arrondissez les lèvres. Pour le [u], mettez la langue en arrière, comme pour souffler. Pour le [y], mettez la langue en avant, comme pour siffler.

Écoutez. Répétez.

1. su/sous – vu/vous – nu/nous
2. Lucas habite rue Nostradamus.
3. Lucas est musicien.
4. Tu es musicien, comme Lucas.
5. Lucas joue du saxo toute la journée.
6. Tu joues de la flûte.

3 Habitudes

1 Denise Lopez travaille à Paris, au service des achats d'une entreprise industrielle.

3.4 **a.** Elle parle de ses habitudes au travail. Écoutez et soulignez les mots **en rouge** que vous entendez.

Denise Lopez : « Le matin, ***très souvent / le plus souvent,*** je suis au téléphone ou devant mon ordinateur, et je rencontre ***rarement / parfois*** des fournisseurs. Je déjeune ***souvent / rarement*** avec eux. L'après-midi, j'ai ***toujours / quelquefois*** une réunion avec Kevin Jacob, mon patron. Avec lui, les réunions sont ***quelquefois / souvent*** très courtes parce qu'il est ***parfois / toujours*** pressé. Je quitte le bureau vers 18 heures. Je n'apporte ***pas / jamais*** de travail chez moi. Le soir, je veux être avec mon mari et mes enfants. »

b. Vrai ou faux ?
1. Denise Lopez téléphone rarement le matin.
2. Elle utilise très souvent son ordinateur.
3. Le matin, quelquefois, elle rencontre des fournisseurs.
4. Elle mange toujours avec eux.

c. Répondez aux questions suivantes :
1. Est-ce que Denise Lopez a fréquemment des réunions avec son patron ? Est-ce que ces réunions sont longues ? Pourquoi ?
2. Est-ce que Denise Lopez travaille parfois chez elle ? Pourquoi ?

d. Mettez les verbes à la forme correcte. Utilisez les tableaux de conjugaison page 144.
1. Denise (*assister*) souvent à des réunions.
2. Elle (*écrire*) rarement des lettres.
3. Elle (*finir*) son travail à 18 heures.
4. Elle (*faire*) ses courses au supermarché.
5. Elle (*prendre*) quelquefois des vacances.
6. Ses enfants (*aller*) à l'école.
7. Ils (*prendre*) des cours de français.
8. Ils (*téléphoner*) souvent à leurs copains.

Les adverbes de fréquence

0 %	ne… jamais
↑	très rarement rarement
	quelquefois = parfois
↓	souvent très souvent le plus souvent
100 %	toujours

Dire pourquoi

Pourquoi… ? Parce que…
– ***Pourquoi*** *est-ce que tu es fatigué ?*
– ***Parce que*** *je travaille sans arrêt.*

2 Il est 20 heures. Denise Lopez est chez elle. Elle parle de ses habitudes à la maison.

3,5 Écoutez. Complétez les phrases avec des adverbes de fréquence. Expliquez pourquoi.

1. Le soir, quelque fois, Denise Lopez va au cinéma parce qu'elle...
2. Mais ______, elle reste chez elle parce qu'elle...
3. Elle ne regarde jamais la télévision parce qu'elle... n'a pas de la télévision

3 Habitudes de travail.

a. Complétez le questionnaire d'enquête ci-dessous. Puis rédigez vos réponses avec des phrases. Expliquez pourquoi.

Je travaille rarement à la maison parce qu'il y a beaucoup de bruit.

Questionnaire d'enquête

Merci de bien vouloir répondre à ces quelques questions sur vos habitudes de travail.

1. Est-ce que vous travaillez chez vous ?
☐ jamais ☐ rarement ☐ parfois
☐ souvent ☐ très souvent

2. Est-ce que vous assistez à des réunions ?
☐ jamais ☐ rarement ☐ parfois
☐ souvent ☐ très souvent

3. Est-ce que vous écrivez des e-mails ?
☐ jamais ☐ rarement ☐ parfois
☐ souvent ☐ très souvent

4. Est-ce que vous utilisez le téléphone ?
☐ jamais ☐ rarement ☐ parfois
☐ souvent ☐ très souvent

5. Est-ce que vous déjeunez seul ?
☐ jamais ☐ rarement ☐ parfois
☐ souvent ☐ très souvent

6. Est-ce que vous travaillez tard le soir ?
☐ jamais ☐ rarement ☐ parfois
☐ souvent ☐ très souvent

7. Est-ce que vous voyagez ?
☐ jamais ☐ rarement ☐ parfois
☐ souvent ☐ très souvent

b. Maintenant, parlez de vos habitudes de travail avec votre voisin(e).

4 Autres habitudes.

a. Faites des phrases concernant vos autres habitudes. Utilisez des adverbes de fréquence. Expliquez pourquoi.

Je parle souvent en public parce que je suis professeur.

Autres habitudes

Écrire des lettres
Parler en public
Aller à l'opéra
Aller au théâtre
Prendre le train
Prendre l'avion
Écouter la radio
Parler à ses voisins
Parler français
Lire les journaux
Travailler tard le soir
Aller au restaurant
Etc.

b. Maintenant, parlez de ces habitudes avec votre voisin(e).

Phonétique

1. [ɑ̃]-[ɔ̃] : LENT-LONG

Pour le [ɑ̃], écartez les lèvres (↔). Pour le [ɔ̃], arrondissez les lèvres (x).
Écoutez. Répétez.

1. lent / long – blanc / blond – sans, son
2. Les vacances sont longues.
3. Ils ont rarement le temps.
4. On prend des leçons d'anglais.

2. Liaisons interdites.

a. Divisez les phrases en deux groupes rythmiques. Soulignez la dernière syllabe du groupe : c'est la syllabe accentuée.

b. Écoutez. Répétez. Attention : il n'y a pas de liaison entre des mots de groupes différents.

1. ***Je déjeune parfois // avec le patron.***
2. Il est toujours au téléphone.
3. Vous n'êtes jamais à la maison.
4. Elle est souvent en réunion.
5. Je voyage rarement à l'étranger.

4 Mois et saisons

1 Une année à Paris.

3.6 **a.** Écoutez et/ou lisez. À quelle partie du texte correspond chacun des dessins ci-contre ?

Le 1er janvier est un jour férié,
je suis en congé.
En février, il neige à la montagne.
Le 14 février, jour de la Saint-Valentin,
je vais au ski avec ma bien-aimée.
En mars, c'est mon anniversaire,
je suis né le 20 mars,
c'est le premier jour du printemps.
En avril, il y a les vacances de Pâques.
Le 1er mai, on ne travaille pas,
c'est la fête du travail.
En juin, c'est déjà l'été, il fait beau.
Le soir du 14 juillet, je vais au bal,
je danse jusqu'au petit matin.
En août, il fait chaud,
je quitte Paris, je vais à la mer.
En septembre, c'est la rentrée,
je retrouve mes collègues de travail.
En octobre et novembre, c'est l'automne,
les jours sont courts, un peu tristes,
il fait nuit à 6 heures du soir.
En décembre, il fait froid, je prépare Noël.
La nuit du Nouvel An, je fais la fête :
je passe une nuit blanche.
Le 1er janvier est un jour férié,
je dors toute la journée.

b. Complétez.

1. En juillet, il travaille.
2. Il prend des vacances en été.
3. Il est à la mer au mois d'août.
4. Il part le 3 août.
5. Il revient à Paris ~~au~~ en septembre.
6. Noël, c'est en hiver.
7. Pâques, c'est au printemps.
8. Le 1er janvier, le 1er decembre et le _______ juillet sont des jours fériés.
9. Dans la nuit du 31 decembre au 1er janvier, on fête le nouvel An.
10. – Aujourd'hui, nous sommes le combien ?
 – On est le 09.11.2015.

Indiquer la date

Nous sommes / On est :
– **en** 2012
– **en** été, **en** automne, **en** hiver
– **au** printemps
– **en** mars
– **au** mois de mars
– **le combien ?**
– **le 1er** mars, **le 2** mars

→ ***Précis grammatical*, p. 140**

2 Quel temps fait-il ?

a. Dites si c'est possible.

1. Il n'y a pas de nuage et il pleut.
   Ce n'est pas possible.
2. Il fait très chaud et il neige.
3. Il fait froid et humide.
4. Il pleut et il neige.
5. Il gèle et le soleil brille.

b. Complétez ce texte sur le climat à Paris avec les mots suivants :
janvier / août / froids / humide / les plus / neige.

Quel temps fait-il à Paris ?

À Paris, les températures varient de 0 degré à 30 degrés. Il ________ et il gèle rarement, mais il pleut souvent. Décembre, ________ et février sont les mois les plus ________ : c'est l'hiver. Juillet et ________ sont les mois ________ chauds de l'année ; il y a un beau soleil, mais l'air est ________.

3 À vous !

a. Quel temps fait-il aujourd'hui ?

b. Présentez par écrit le climat de votre ville.

4 Dates.

a. Écrivez le mois en lettres. Dites la date.

1. le 4/05/1996 : ***le 4 mai 1996***
2. le 12/04/1951 : ________________
3. le 25/02/2012 : ________________
4. le 28/06/1977 : ________________

3.7 **b.** Écoutez quatre courtes conversations. Notez les dates que vous entendez.

1. ____________ 3. ____________

2. ____________ 4. ____________

3.7 **c.** Écoutez de nouveau. À quel événement correspond chacune de ces dates ?

1. ________________
2. ________________
3. ________________
4. ________________

Parler du temps

Il y a des nuages.

Il pleut.

Il neige.

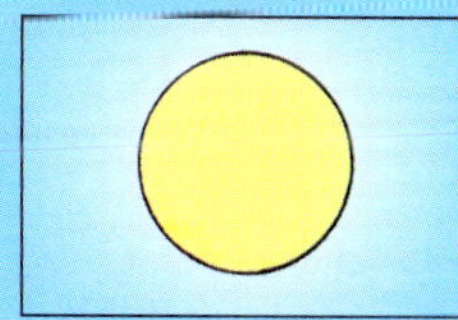

Il y a du soleil.

32	Il fait chaud.
23	Il fait bon.
18	Il fait frais.
9	Il fait froid.
0	Il gèle.
– 5	Il fait moins cinq.

⚠ Ici, ***il*** est impersonnel, le verbe est toujours à la 3e personne du singulier.

5 Jouez à deux.

a. Écrivez trois dates importantes pour vous.

b. Dictez ces dates à votre voisin(e).

c. Vérifiez qu'elles sont correctes.

d. Expliquez pourquoi ces dates sont importantes.

Phonétique

Accent tonique et groupes rythmiques

a. Séparez les phrases en trois groupes rythmiques. Soulignez la dernière syllabe de chaque groupe : c'est la syllabe accentuée.

b. Écoutez. Répétez.

1. ***En janvier, // il fait froid, // c'est l'hiver.***
2. Le 1er mai, c'est férié, on ne travaille pas.
3. Du 20 mars au 21 juin, c'est le printemps.
4. Du 5 juillet au 8 août, je suis en vacances.
5. Cette année, je vais en Grèce avec des amis.

5 Rendez-vous

1 Max Berger prend rendez-vous par téléphone.

3.8 **a.** Écoutez et/ou lisez la conversation. Pourquoi est-ce que Max Berger téléphone ? Quel est son problème ?

b. Notez le rendez-vous sur la page d'agenda ci-contre.

c. Que disent Max Berger ou sa correspondante pour :
- demander un rendez-vous ?
- proposer une date ?
- refuser une date ?
- accepter une date ?
- confirmer une date ?

– Cabinet du docteur Bic, bonjour.
– Bonjour, je suis **Max Berger**. Je voudrais un rendez-vous avec le docteur Bic. C'est assez urgent. J'ai très mal **aux dents**.
– Un instant, s'il vous plaît... Pouvez-vous venir **mercredi** ?
– **Le mercredi**, désolé, je ne suis pas libre.
– **Jeudi**, à **15** heures, est-ce que vous pouvez ?
– Oui, c'est parfait.
– Nous disons donc **jeudi 9**, à **15 heures**.
– C'est noté. Merci. Au revoir.
– Au revoir, monsieur.

d. Lisez la conversation à deux. Changez les mots **en rouge**.

MARS
◀ Semaine 12 ▶

6 Lundi	
7 Mardi	
8 Mercredi	
9 Jeudi	
10 Vendredi	
11 Samedi	
12 Dimanche	

2 Quand est-ce que vous pouvez ?

a. Complétez avec le verbe *pouvoir*.

– On ________ se voir mardi ?

– Non, mardi, je ne ________ pas.

– Est-ce que tu ________ jeudi ?

b. Mettez les mots dans l'ordre.
1. Vous / venir / pouvez / demain ?
2. Est-ce que / es / tu / libre / soir / lundi ?
3. On / cinéma / se / devant / le / peut / retrouver.
4. Nous / nous / cette / ne / pas / pouvons / voir / semaine.

Le verbe « pouvoir »

je peux	nous pouvons
tu peux	vous pouvez
il/elle/on peut	ils/elles peuvent

*Elle ne **peut** pas venir jeudi matin.*
*Ils **peuvent** se voir demain.*

3 À vous !

Prenez rendez-vous avec votre voisin(e) pour la semaine prochaine. Précisez la date, l'heure, le lieu.

4 Max Berger réserve une table au restaurant.

3.9 **a.** Écoutez et complétez son agenda. Notez le numéro de téléphone de Max.

b. Allez page 150 et lisez la conversation 3.9. avec votre voisin(e). Changez les mots **en rouge**.

5 Courrier électronique.

a. Est-ce que vous écrivez les mots suivants au début d'un mail ou à la fin d'un mail ?
Bonjour / À bientôt / Merci pour ton mail / Cher / Cordialement

Au début	À la fin
Bonjour	

b. Regardez rapidement les deux mails ci-dessous et vérifiez vos réponses.

c. Maintenant lisez ces deux mails et répondez aux questions suivantes :
1. Quel jour, à quelle date et à quelle heure est-ce que Max arrive à Nantes ?
2. Est-ce que Karine et Max peuvent se rencontrer lundi ? Est-ce qu'ils peuvent se rencontrer à 14 heures ? Pourquoi ?
3. À quelle heure est-ce que Karine peut rencontrer Max ? À quel endroit ?

De : Max Berger
A : Karine Leduc
Date : jeudi 06/04/2012 11:14
Objet : RE : rendez-vous

Bonjour, Karine,
J'arrive à Nantes ce lundi à 13 h 30. Peut-on se retrouver à 14 heures à ton bureau ?
Cordialement,
Max

De : Karine Leduc
A : Max Berger
Date : jeudi 06/04/2012 11:37
Objet : RE : rendez-vous

Cher Max,
Merci pour ton mail. C'est d'accord pour lundi. Mais je ne suis pas libre à 14 heures. Peut-on se voir à mon bureau à 15 heures ?
À bientôt,
Karine

d. Imaginez que vous êtes Max. Répondez à Karine. Confirmez le rendez-vous.

De : Max Berger
A : Karine Leduc
Date :
Objet : RE : rendez-vous

6 Une semaine bien chargée.

3.10 **a.** Écoutez et lisez la déclaration de Max Berger, puis complétez son agenda, page 50.

Max Berger : « Je travaille au siège de la société Ixtel, à Paris. Lundi prochain, comme tous les lundis, de 9 heures à 11 heures, j'ai une réunion de service. Mardi, à midi et demi, je déjeune à La Casserole avec monsieur Klein, un client allemand. Le soir, à 18 heures, je vois Sarah au Grand Café. Mercredi, je vais à Nantes. Mon train est à 9h30. Je reviens à Paris le soir même. Jeudi, à 15 heures, j'ai un rendez-vous avec mon dentiste, le docteur Bic. Vendredi, je passe la matinée au Salon de l'informatique. Vendredi soir, à 19 heures, je vais à l'opéra avec ma femme. Samedi et dimanche, je me repose. Nous passons le week-end en famille dans notre maison de campagne, en Normandie. »

b. Écrivez un texte semblable sur l'emploi du temps de votre semaine.

Phonétique

Intonation interrogative et assertive

Rappel : La phrase interrogative monte à la fin. La phrase assertive descend à la fin.

3.11 **a.** Cochez la phrase que vous entendez.

1. ☐ C'est Nicolas ?
   ☐ C'est Nicolas.
2. ☐ On peut se voir lundi ?
   ☐ On peut se voir lundi.
3. ☐ D'accord ?
   ☐ D'accord.
4. ☐ À 4 heures, ça va ?
   ☐ À 4 heures, ça va.
5. ☐ À lundi, alors ?
   ☐ À lundi, alors.

b. Écoutez les phrases ci-dessus. Répétez. Puis lisez ces phrases à deux.

C. Écouter

1 **Cochez les phrases que vous entendez.**

3.12 **a.** Entendez-vous [s] comme dans « coussin » ou [z] comme dans « cousin » ?

1. ☐ C'est mon coussin. ☐ C'est mon cousin.
2. ☐ Vous savez l'heure ? ☐ Vous avez l'heure ?
3. ☐ Ils sont chauds. ☐ Ils ont chaud.

b. Entendez-vous [u] comme dans « pour » ou [y] comme dans « pur » ?

1. ☐ Il est pour. ☐ Il est pur.
2. ☐ Tu es sourd ? ☐ Tu es sûr ?
3. ☐ Elle est rousse. ☐ Elle est russe.

c. Entendez-vous [ɔ̃] comme dans « son » ou [ɑ̃] comme dans « sans » ?

1. ☐ C'est son problème. ☐ C'est sans problème.
2. ☐ Le thon est magnifique. ☐ Le temps est magnifique.
3. ☐ Il est blond. ☐ Il est blanc.

d. Entendez-vous une question ou une affirmation ?

1. ☐ Elle appelle souvent ? ☐ Elle appelle souvent.
2. ☐ On est libre jeudi ? ☐ On est libre jeudi.
3. ☐ Il vient cet après-midi ? ☐ Il vient cet après-midi.

2 **Lisez cet article. Puis écoutez Karine Merlin et complétez l'article.**

3.13

Karine Merlin, chef d'entreprise : une vie au travail

Elle s'appelle Karine Merlin et elle travaille au moins ______ heures par semaine. Elle se lève à ______ heures du matin. De ______ heures à 7 heures, elle fait un jogging dans la forêt de Fontainebleau. À ______ heures, elle est à son bureau. Elle rentre chez elle vers ______ heures. Le plus souvent, elle passe la soirée devant ______. Elle fait des factures, elle envoie des e-mails, elle cherche des informations sur ______. Elle se couche vers ______. Avant de dormir, elle lit des journaux ______. Karine dort seulement ______ heures par nuit. Le ______, elle ne va pas au bureau, mais elle travaille chez elle. « *J'adore travailler* », explique-t-elle. Heureusement, Karine est ______ et n'a pas d'enfant.

D. Lire

1 **Lisez le mail ci-contre et dites si les affirmations suivantes sont vraies ou fausses.**

1. Paul envoie un mail à Jacques vers 4 heures de l'après-midi.
2. Paul arrive à Paris le 6 janvier.
3. Le 6 janvier est un jeudi.
4. Paul veut voir Jacques à 10 heures.
5. C'est l'hiver à Paris.

De : Paul Beck
À : Jacques Dumas
Objet : rendez-vous
Date : lundi 05/01/2012 15 h 58

Bonjour, Jacques,
J'arrive à Paris demain à 10 heures. Peut-on déjeuner ensemble ? Quel temps fait-il à Paris ?
À bientôt,
Paul

E. Écrire

2 **Mettez-vous à la place de Jacques et répondez au mail de Paul. Proposez une heure et un lieu de rendez-vous. Dites quel temps il fait à Paris.**

De : Jacques Dumas
À : Paul Beck
Objet : RE : rendez-vous
Date :

F. Parler

3 **Écrivez six rendez-vous dans votre agenda (ci-contre).**

Par exemple :
- *une réunion de service*
- *une visite médicale*
- *un cours de chinois*
- *etc.*

Travaillez par groupe de trois. Fixez rendez-vous ensemble pour :
- visiter la nouvelle usine ;
- recevoir les représentants syndicaux ;
- déjeuner ensemble.

Par exemple :

A. Bon, nous devons visiter la nouvelle usine. Est-ce que vous êtes libre jeudi matin ?
B. Désolé, je ne peux pas.
C. Moi non plus. Est-ce qu'on peut se voir lundi après-midi ?
A. Pour moi, c'est parfait.
B. Pour moi aussi. Vous pouvez à quelle heure ?
C. De 14 heures à 16 heures, c'est possible ?
A. Pour moi, c'est d'accord.

Avril
◄ Semaine 13 ►

16 Lundi	
17 Mardi	
18 Mercredi	
19 Jeudi	
20 Vendredi	
21 Samedi	
22 Dimanche	

Entre cultures
Ponctualité relative

1 À quelle heure commence la réunion de 15 heures ?

a. Lisez la réponse de Pierre Duval et de Clara Zimmerman à cette question.

Pierre Duval,
directeur d'une maison d'édition :
« La réunion de 15 heures ? Chez nous, malheureusement, les réunions commencent toujours avec un quart d'heure, voire une demi-heure de retard. ».

Clara Zimmerman,
comptable dans une entreprise de transport :
« C'est clair. Si la réunion est à 15 heures, elle commence à 15 heures. Qu'est-ce que vous voulez dire ? »

b. Finalement, à quelle heure commence la réunion de 15 heures ?

– Pour Clara Zimmerman : à ______

– Pour Pierre Duval : ______

– Et pour vous ?

2 À vous !

a. Vous et votre voisin(e) êtes en voyage à Paris. Vous êtes invité(e) à dîner par Pierre Duval à son domicile. « *Venez vers 19 heures* », vous dit-il. À quelle heure est-ce que vous arrivez ? À quelle heure est-ce que vous partez ? Mettez-vous d'accord à deux.

b. Vous et votre voisin(e) devez rencontrez un client à son hôtel à 19 heures. Il est 19 h 15. Le client n'est pas là. Vous n'avez pas le numéro de son téléphone portable. À quelle heure est-ce que vous partez ? Mettez-vous d'accord à deux.

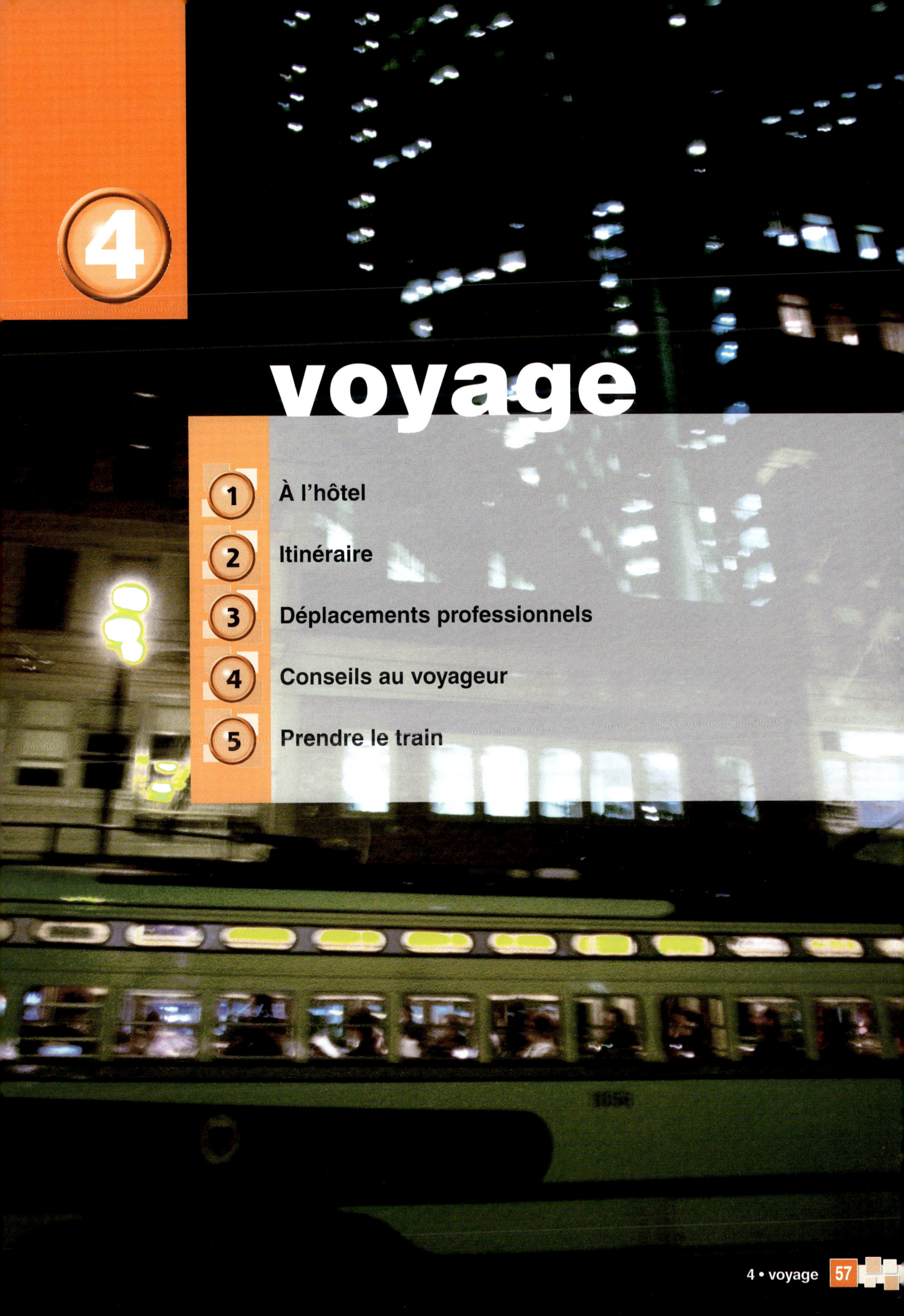

4

voyage

1 À l'hôtel

1 Cette page Internet présente un hôtel.
Complétez le texte avec les mots suivants :
centre-ville / confort / douche / hôtel / Internet / minibar / parking / personnel / quartier / salon de massage.

Accueil | Information | Groupes | Contact

Hôtel Astrid
★★★

Notre hôtel est situé au ______ de Bordeaux, à deux pas du ______ commercial. Toutes nos chambres sont équipées avec tout le ______ : salle de bain avec ______ et baignoire, toilettes, téléphone direct, téléviseur, ______, accès ______, etc.

Nous mettons à votre disposition un restaurant, un sauna, un ______, des salles équipées pour des réunions, un ______ fermé, un grand jardin et un bar, ouvert toute la nuit.

Vous cherchez un ______ avec des chambres spacieuses, calmes, confortables, avec un ______ serviable et souriant ? Notre hôtel est fait pour vous.

2 Adjectifs possessifs.
Complétez avec un adjectif possessif.

1. Monsieur et madame Leduc aiment beaucoup cet hôtel. C'est ______ hôtel préféré.
2. Ce sont les valises des clients de la 5. Ce sont ______ valises.
3. – Ces dossiers sont à vous, Messieurs ?
   – Oui, ce sont ______ dossiers.

Les adjectifs possessifs (2)

nous → ***notre*** *hôtel,* ***nos*** *clients*
vous → ***votre*** *chambre,* ***vos*** *clés*
ils, elles → ***leur*** *note,* ***leurs*** *suggestions*

→ ***Précis grammatical*, p. 130**
Faites l'exercice D, p. 130

3 Adjectif *tout*.
Complétez avec ***tout, toute, tous, toutes***.

1. Le sauna est ouvert ______ les jours.
2. ______ nos chambres donnent sur le jardin.
3. ______ l'information est sur notre site.
4. Nous sommes complets ______ l'été.

L'adjectif « tout »

• Il s'accorde avec le nom qui suit.
tout *le monde,* ***toute*** *la journée*
tous *les clients,* ***toutes*** *les réclamations*
• Il est suivi d'un :
– article défini : *toutes* ***les*** *chambres*
– adjectif possessif : *tous* ***nos*** *services*
– adjectif démonstratif : *tout* ***ce*** *temps*

→ ***Précis grammatical*, p. 133**

4 Une cliente se présente à la réception de l'hôtel Astrid.

a. Qui peut poser les questions suivantes ? La cliente (C) ou le réceptionniste (R) ?
1. Que puis-je faire pour vous ? → ***R***
2. Est-ce que vous avez une chambre libre ?
3. Quel type de chambre voulez-vous ?
4. Pour combien de nuits ?
5. Est-ce qu'il y a une piscine ?
6. Avez-vous une pièce d'identité ?

4.1 **b.** La cliente s'appelle Valérie Gomez. Écoutez et remplissez la fiche de réservation suivante. Qu'est-ce que la cliente demande en plus ?

Fiche de réservation

Nom : *Gomez*
Prénom : *Valérie*
Jour d'arrivée : le ______
Jour de départ : le ______ soit ______ nuits
Nombre de chambres :
– simple : ______ – double : ______
– ______ avec un grand lit
– ______ avec deux lits jumeaux
Nombre d'adultes : ___ Nombre d'enfants : ___

5 Jouez à deux.

Un client réserve une chambre par téléphone.
• **A** : Vous êtes le client. Consultez le dossier 8 page 128.
• **B** : Vous êtes le réceptionniste. Remplissez la fiche de réservation suivante.
Commencez ainsi :
Hôtel Astrid, bonjour.

Fiche de réservation

Nom : ______
Prénom : ______
Jour d'arrivée : le ______
Jour de départ : le ______ soit ______ nuits
Nombre de chambres :
– simple : ______ – double : ______
– ______ avec un grand lit
– ______ avec deux lits jumeaux
Nombre d'adultes : ___ Nombre d'enfants : ___

6 Valérie Gomez quitte l'hôtel Astrid. Elle demande sa note au réceptionniste.

4.2 **a.** Mettez les phrases du dialogue dans l'ordre. Puis écoutez et vérifiez vos réponses.

☐ – Bien sûr, madame… Alors, ça fait deux nuits, n'est-ce pas ?
☐ – Bonjour, je voudrais régler ma note, s'il vous plaît.
☐ – Par carte de crédit.
☐ – C'est exact.
☐ – Comment réglez-vous, madame ?

b. Apprenez le dialogue par cœur. Puis pratiquez à deux, sans lire. Vous pouvez apporter quelques modifications. Par exemple : le client règle cinq nuits, il règle en espèces, ou par chèque, etc.

Phonétique

1. [ɛ̃]-[ɑ̃] : CINQ-CENT
Écoutez. Répétez.
1. cinq / cent – bain / banc – teint / temps
2. 15 chambres simples
3. Un enfant prend un bain.

2. L'adjectif *tout*
Écoutez. Répétez.
1. tout le temps / tous les clients
2. toute la nuit / toutes les nuits

2 Itinéraire

1 Nadia Hamadi est à Paris. Elle se rend à un rendez-vous.

a. Elle cherche une station de métro. Écrivez les indications sous les dessins.

Vous continuez tout droit.

Vous prenez la deuxième à droite : c'est la rue du Commerce.

Le métro se trouve au bout de la rue du Commerce.

Vous traversez l'avenue Émile-Zola.

Vous prenez la première rue à gauche.

Vous allez jusqu'au boulevard.

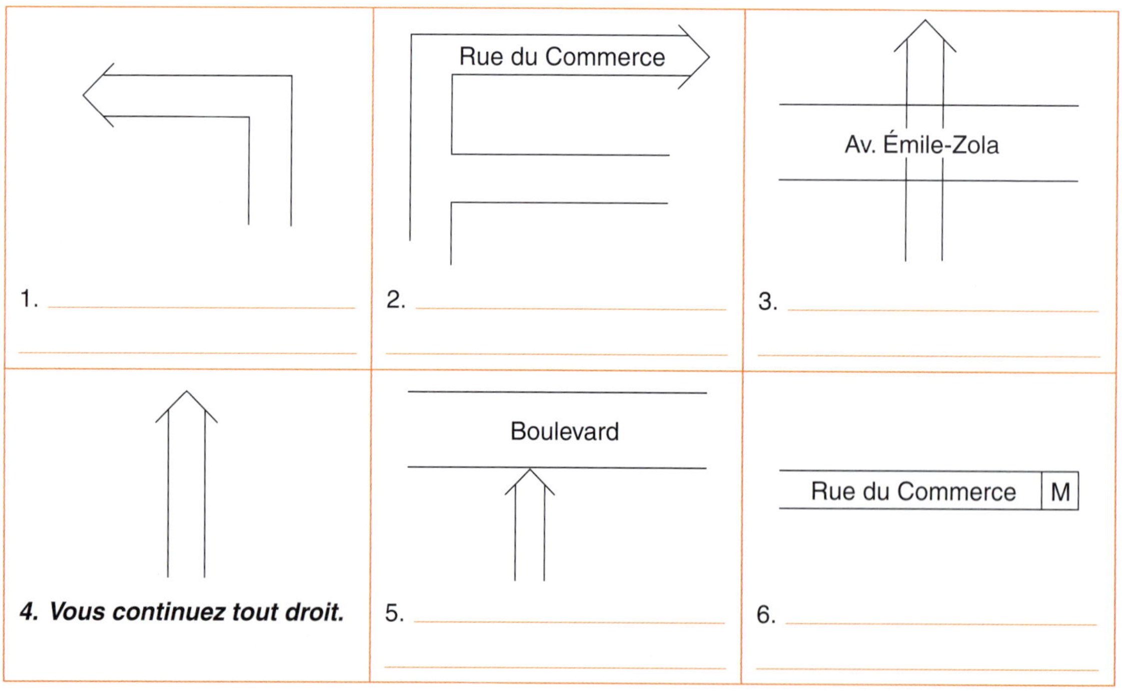

4.3 **b.** Écoutez la conversation et vérifiez vos réponses.

c. Jouez à deux une conversation similaire.
A. Vous traversez la rue Bonaparte.
B. Je traverse la rue Bonaparte.
A. Etc.

2 Où se trouve le bureau ?

a. Lisez ce mail. Soulignez les verbes à l'impératif. Il y en a combien ?

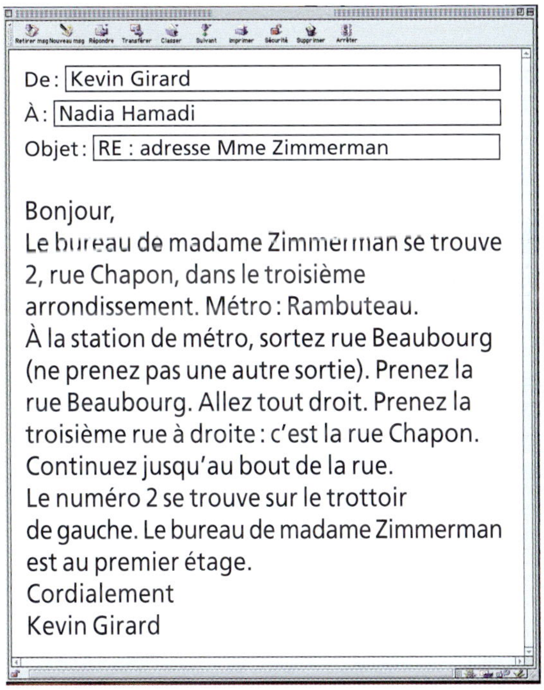
De : Kevin Girard
À : Nadia Hamadi
Objet : RE : adresse Mme Zimmerman

Bonjour,
Le bureau de madame Zimmerman se trouve 2, rue Chapon, dans le troisième arrondissement. Métro : Rambuteau.
À la station de métro, sortez rue Beaubourg (ne prenez pas une autre sortie). Prenez la rue Beaubourg. Allez tout droit. Prenez la troisième rue à droite : c'est la rue Chapon. Continuez jusqu'au bout de la rue.
Le numéro 2 se trouve sur le trottoir de gauche. Le bureau de madame Zimmerman est au premier étage.
Cordialement
Kevin Girard

b. Regardez le plan ci-dessous. Où se trouve le bureau de madame Zimmerman ? Faites une croix (X). Ecrivez le nom de la rue.

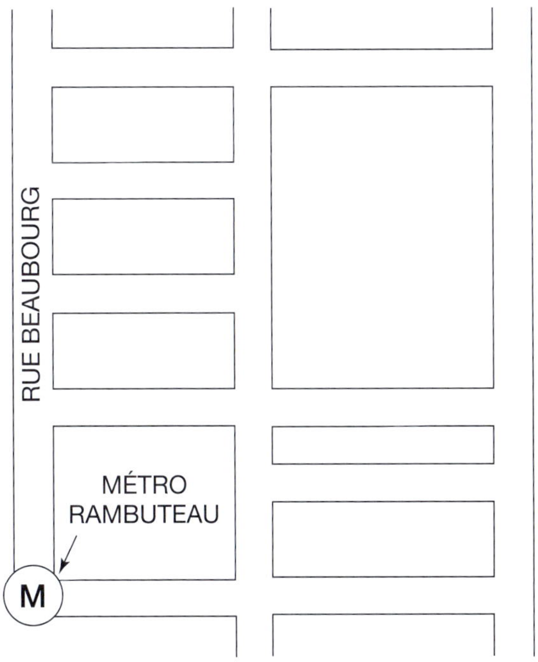

4.4 **c.** Écoutez Nadia Hamadi. Elle explique où se trouve le bureau de madame Zimmerman. Elle commet trois erreurs. Lesquelles ?

1. ....
2. ....
3. ....

L'impératif (1)

Prends le métro !
Prenez le métro !
Prenons le métro !

⚠ **Forme négative :**
Ne prends pas le métro !
Ne prenons pas le métro !
Ne prenez pas le métro !

→ ***Précis grammatical*, page 135**

Les nombres ordinaux

– premier (1er), première (1re)
– deux***ième*** (2e), trois***ième*** (3e), quatr***ième*** (4e), cinqu***ième*** (5e), etc.

→ ***Précis grammatical*, p. 132**

3 Transformez. Utilisez l'impératif.

1. vous / tournez à gauche
→ ***Tournez à gauche.***
2. vous / suivre cette direction
3. tu / aller sur le trottoir de gauche
4. tu / ne pas traverser le pont
5. nous / prendre l'ascenseur
6. tu / ne pas oublier le plan
7. vous / faire attention aux voitures

4 Jouez à deux.

Vous êtes à la sortie du métro, dans la rue Beaubourg.
- **A** : Consultez le dossier 7 page 124.
- **B** : Consultez le dossier 7 page 128.

5 Mail.

Consultez le dossier 8 page 124 et répondez à un mail de Nadia Hamadi.

Phonétique

[o]-[u] : FAUX-FOU
Écoutez. Répétez.
1. faux / fou – beau / bout – mot / mou
2. le métro au-dessous
3. 12, boulevard Dodou
4. au bout du couloir

3 Déplacements professionnels

1 **William Vasseur habite à Vincennes, dans la banlieue est de Paris. Il travaille dans le centre de Paris.**

William Vasseur va au travail en métro. De sa maison au bureau, le trajet dure 45 minutes. William Vasseur se déplace rarement en voiture parce qu'il y a des embouteillages. Son entreprise s'appelle Marino. Elle est implantée en Belgique, aux États-Unis et au Portugal. William Vasseur voyage souvent dans ces pays pour son travail. Il va en Belgique en train, mais, bien sûr, pour aller aux États-Unis et au Portugal, il prend l'avion.

a. Transformez les questions en utilisant « ***est-ce que*** ». Puis répondez.
1. Il vit dans quel pays ?
– Dans quel pays est-ce qu'il vit ?
– Il vit en France.
2. William Vasseur habite dans quelle ville ?
3. Il travaille où ?
4. Il va comment au travail ?
5. Le trajet dure combien de temps ?

b. Écrivez quatre autres questions concernant William Vasseur. Utilisez « ***est-ce que*** ». Posez ces questions à votre voisin(e).

1. ______________________________ ?
2. ______________________________ ?
3. ______________________________ ?
4. ______________________________ ?

2 **Jouez à deux.**
- **A** : Consultez le dossier 3 page 122.
- **B** : Consultez le dossier 3 page 126.

Les noms de pays

- **En + nom féminin**
La Pologne : *je vis **en** Pologne*
- **Au + nom masculin**
Le Japon : *je vis **au** Japon*
- **En + a, e, i, o, u**
L'Iran : ***en** Iran*
- **Aux + nom pluriel**
Les Pays-Bas : ***aux** Pays-Bas*

→ *Précis grammatical,* p. 139
Faites l'exercice A, p. 139

L'interrogation

Vous vivez dans quel pays ?
Dans quel pays est-ce que vous vivez ?

→ *Précis grammatical,* p. 136
Faites les exercices A, B et C, p. 136

LES MOYENS DE TRANSPORT

• à pied, à vélo, à moto, à cheval,
en bus, en train, en métro, en avion, en taxi,
en rollers, en voiture

3 William Vasseur présente les différents établissements de Marino en France.

4.5 **a.** Écoutez et cochez les mots que vous entendez.

- ☐ magasin de vente
- ☐ siège social
- ☐ salle d'exposition
- ☐ bureau
- ☐ usine
- ☐ studio de création
- ☐ entrepôt
- ☐ atelier

b. Lisez le texte suivant et vérifiez vos réponses. Puis écrivez le nom des villes sur la carte de France ci-contre.
Paris / Brest / Provins / Bourges / Verdun
William Vasseur : « Le siège social de Marino se trouve à Paris. Marino a des bureaux à Verdun, dans le nord-est de la France. La production se fait dans l'usine de Brest, sur la côte ouest. Il y a un entrepôt à Provins, au sud-est de Paris. L'entrepôt principal se trouve à Bourges, au centre du pays. »

c. Vrai ou faux ?
1. Marino a des bureaux à Paris.
2. Marino a un entrepôt au sud de la France.
3. L'entrepôt principal se trouve au nord de Paris.
4. L'usine est en Bretagne, une région située à l'ouest du pays.
5. Marino est une petite entreprise.

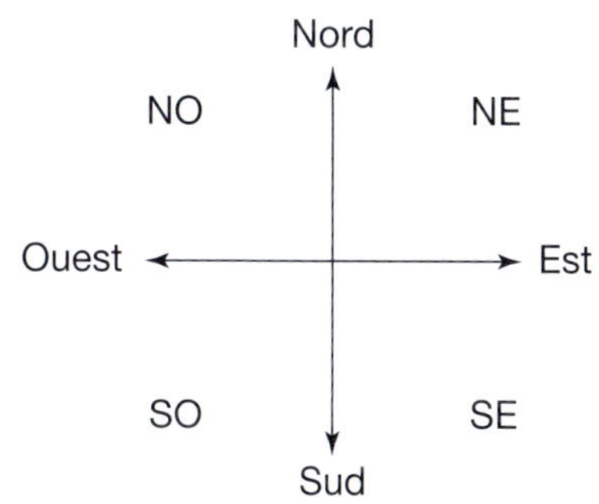

- au nord de, au sud de, au centre de…
à l'ouest de, à l'est de…
sur la côte est, dans la banlieue nord.

4 Jouez à deux.

- **A** : Consultez le dossier 11 page 125.
- **B** : Lisez les informations ci-dessous.

La personne A explique où se trouvent les établissements de Marino au Portugal. Écoutez ses explications. Écrivez le nom des villes et le type d'établissement sur la carte.

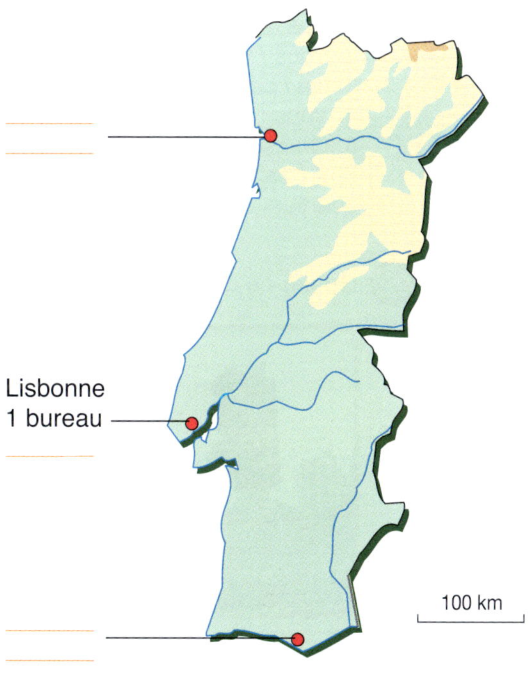

Phonétique

Enchaînements et liaisons
a. Marquez les liens entre les mots. Il y a deux liens par phrase.
b. Écoutez. Répétez.
1. ***Monsieur Vasseur‿est‿à Paris.***
2. Il habite à Vincennes
3. Son entreprise se trouve en France.
4. C'est une grande entreprise.
5. Monsieur Vasseur voyage en Italie.
6. Il voyage en avion.
7. Il visite une usine.
8. Cette usine se trouve à Rome.
9. C'est une petite usine.

4 Conseils au voyageur

1 Vous pouvez voir cet écriteau dans les jardins de Paris.

Lisez les phrases suivantes. Quatre phrases décrivent cet écriteau. Une de ces phrases est cochée. Cochez les trois autres phrases.

- ☐ Marchez sur la pelouse.
- ☒ Il est interdit de marcher sur la pelouse.
- ☐ N'oubliez pas de marcher sur la pelouse.
- ☐ Vous pouvez marcher sur la pelouse.
- ☐ Il ne faut pas marcher sur la pelouse.
- ☐ On doit marcher sur la pelouse.
- ☐ On peut marcher sur la pelouse.
- ☐ Ne pas marcher sur la pelouse.
- ☐ Ne marchez pas sur la pelouse.

2 Devoir ou ne pas devoir.

a. Complétez avec le verbe ***devoir***.

1. Vous ________ payer en espèces.
2. On ________ toujours être prudent.
3. Nous ________ enlever nos chaussures.
4. Je ________ me reposer à l'hôtel.
5. Tu ne ________ pas arriver tard.
6. Ils ________ demander un visa.

b. Complétez avec les mots suivants :
je, il, vous, vous, te, se, s.

1. Tu dois ________ reposer à l'hôtel.
2. ________ dois me déplacer à pied.
3. ________ ne devez pas ________ promener seule.
4. ________ est interdit de ________ baigner.
5. Ils doivent ________ habituer au froid.

Obligation et interdiction

• ***Devoir*** **+ infinitif**

je dois	nous devons
tu dois	vous devez
il doit	ils doivent

Tu dois *absolument visiter Paris.*
Vous devez *vous débrouiller seul.*
On doit *s'habiller chaudement en hiver.*

• ***Il faut*** **+ infinitif = On doit**
Il faut *travailler pour vivre*
= **On doit** travailler pour vivre

• ***Il est interdit de*** **+ infinitif**
Il est interdit de *s'asseoir par terre.*

3 Voici des conseils pour le voyageur.

a. Complétez avec *doit* ou *peut*.
À Paris :

1. On ________ conduire à droite.
2. On ________ respecter le code de la route.
3. On ________ se déplacer en métro.
4. On ________ boire l'eau du robinet.

b. Mettez dans l'ordre.
1. Faites / aux / attention / voleurs / .
Faites attention aux voleurs.
2. Vous / visiter / le château / devez / .
3. Ne / pas / l'hôtel Iris / à / va / .
4. Vous / vous / devez / adapter / à la culture / .
5. On / se / renseigner / peut / à l'accueil / .
6. Il / se / promener / faut / pas / ne / dans les quartiers dangereux / .

4 Qu'est-ce que ça veut dire ?

Il faut tourner à gauche.

DÉFENSE DE FUMER

ENTRER SANS SONNER

EAU NON POTABLE

5 Un guide touristique parle de Singapour.

a. Complétez avec les mots suivants : *vous pouvez / vous devez / il est interdit de*. Vous devez utiliser plusieurs fois les mêmes mots.

Singapour est une ville magnifique, propre et sûre. ______ absolument visiter les quartiers indien et chinois. De préférence, allez dans le quartier chinois le jour et dans le quartier indien la nuit. Singapour est un paradis pour la cuisine. Allez au restaurant, et n'oubliez pas de goûter les crabes au poivre. Un délice !

Mais attention ! ______ respecter toutes les règles. ______ jeter des papiers ou des chewing-gums par terre, de traverser en dehors des passages pour piétons. De même, ______ fumer dans les endroits publics, comme dans les bars, les restaurants, les bâtiments administratifs, etc.

Pour les déplacements, prenez le bus ou le métro. Les transports publics sont excellents. ______ aussi prendre un taxi. Les taxis sont bon marché et rapides, et il n'y a pas d'embouteillages. ______ aussi louer une voiture, mais alors, n'oubliez pas, ______ conduire à gauche, comme à Londres ou à Tokyo.

4.6 **b.** Écoutez et vérifiez vos réponses.

c. Fermez le livre et parlez de Singapour. Qu'est-ce que vous vous rappelez ?

6 Vous allez à Amsterdam, aux Pays-Bas. Un ami vous donne des conseils.

4.7 **a.** Lisez les phrases suivantes. Écoutez. Cochez les phrases que vous entendez.

- ☐ Tu peux prendre un taxi.
- ☐ Ne prends pas les taxis.
- ☐ Tu peux te déplacer en tramway.
- ☐ Prends ton appareil photo.
- ☐ Il est interdit de prendre des photos.

4.7 **b.** Écoutez de nouveau. Répondez aux questions suivantes sur le musée Van Gogh.

1. Le musée est-il ouvert le dimanche ?
2. Quels sont les horaires d'ouverture ?
3. Combien coûte l'entrée ?
4. Peut-on payer par carte bancaire ?
5. Combien coûte l'audioguide en français ?
6. Peut-on aller au musée en bus ?
7. À votre avis, pourquoi est-il interdit de prendre des photos dans le musée ?

7 À vous !

Avec les mots et expressions de cette leçon, écrivez des phrases sur un pays ou une ville que vous connaissez.

Dans le centre de Tokyo, il est interdit de fumer dans la rue.

Phonétique

Intonation : la question alternative

Écoutez. Répétez. Imitez l'intonation.

1. Vous prenez l'avion ou le train ?
2. Vous allez à Singapour ou à Amsterdam ?
3. Vous payez en espèces ou par chèque ?
4. Tu préfères manger indien ou chinois ?
5. On conduit à gauche ou à droite ?
6. Vous voyagez seul ou avec un guide ?

5 Prendre le train

1 Amar Beddi est à Paris. Il achète un billet de train au guichet d'une gare.

4.8 **a.** Écoutez et / ou lisez.

– Bonjour, madame, je voudrais un billet pour Colmar, s'il vous plaît.

– Vous partez quand ?

– Demain, en début d'après-midi.

– Il y a un train direct à 13 h 24

– Il arrive à quelle heure ?

– À 16 h 15 à Colmar.

– C'est parfait.

– Un aller simple ou un aller retour ?

– Un aller simple, s'il vous plaît, en première classe.

– Ça fait 67, 50 euros. Vous payez comment ?

– Par carte bancaire.

– Voici votre billet.

– Merci bien.

– Je vous en prie. Au revoir.

– Au revoir.

b. Complétez le billet.

SNCF

BILLET

Paris-Est → Colmar

Départ : à ______ de Paris-Est

Arrivée : à ______ à ______

TGV 1724

Classe : 1re ☐ 2e ☐

Voiture 3 Place 14

Prix : ______ €

c. Répondez aux questions suivantes.

1. Quel est le numéro du train ?
2. Quel est le numéro de la voiture ?
3. Quel est le numéro de la place ?
4. Est-ce qu'Amar prend un aller-retour ?

2 Jouez à deux.

- **A** : Consultez le dossier 9 page 124.
- **B** : Consultez le dossier 9 page 128.

3 Mails.

a. Lisez ce mail. Quel jour est-ce qu'Amar Beddi arrive ? Est-ce qu'il connaît bien sa correspondante ? Pourquoi ?

De : Amar Beddi
À : Valérie Mercier
Date : jeudi 03/03/2012 14:22
Objet : arrivée

Ma chère Valérie,
Mon train arrive demain à 16 h 15. Est-ce que tu viens à la gare ou est-ce que je vais chez toi ?
Je t'embrasse.
Amar

b. Voici la réponse de Valérie. Mettez les phrases dans l'ordre.

☐ Prends un taxi jusqu'à chez moi et demande la clé de mon appartement à la concierge.

1 Salut, Amar,

☐ À demain

☐ Demain, j'ai une réunion jusqu'à 17 heures et je ne peux pas aller à la gare.

☐ Elle est au courant.

☐ Valérie

c. Mettez-vous à la place de Valérie. Imaginez et écrivez une autre réponse.

4 **Comme Amar Beddi, Michel et Alex sont parisiens. En ce moment, ils sont dans le train. Michel lit et Alex dort.**

> Michel et Alex viennent de Paris et ils vont à Rennes. Leur train s'arrête au Mans et à Laval. Il arrive à 9h26 à Rennes. Comme toujours, Alex et Michel voyagent en seconde classe. Ils passent la journée à Rennes. Ce soir, ils reviennent à Paris par le train de 18h09.

Écrivez sept questions sur le voyage de Michel et d'Alex. Puis répondez. Travaillez à deux.

1. D'où est-ce que Michel et Alex… ?
2. Où est-ce qu'ils… ?
3. Par où est-ce que le train… ?
4. À quelle heure est-ce… ?
5. En quelle classe est-ce … ?
6. Combien de temps est-ce… à Rennes ?
7. À quelle heure est-ce… de Rennes ?

5 **Vous êtes à la gare, à Paris. Vous allez à Bâle. Vous prenez le train de 10h54.**

a. Consultez le tableau de départ. Répondez aux questions.

1. Quel est le terminus de votre train ?
2. De quelle voie est-ce qu'il part ?
3. Par où est-ce qu'il passe ?

Questions au voyageur

– ***Où*** *est-ce que vous allez ?*
– *Je vais* ***à*** *Münich.*
– ***D'où*** *est-ce que vous venez ?*
– *Je viens* ***de*** *Paris.*
– ***Par où*** *est-ce que vous passez ?*
– *Je passe* ***par*** *Strasbourg.*

→ **Faites l'exercice B, p. 139**

DÉPART

TRAIN N°	HEURE	DESTINATION	VOIE
1724	10 H 46	NANCY STRASBOURG MÜNCHEN	8
1640	10 H 48	METZ LUXEMBOURG	14
1890	10 H 54	REIMS THIONVILLE SARREBRÜCK MANNHEIM	20
1043	10 H 54	ÉPINAL MULHOUSE BÂLE ZÜRICH	12
1775	11 H 02	LUNÉVILLE COLMAR	5

LE NUMÉRO DE LA VOIE EST AFFICHÉ ENVIRON 20 MINUTES AVANT LE DÉPART.

4.9 **b.** Vous entendez un message public. Écoutez. Complétez le texte suivant. Est-ce que ce message vous concerne ? Pourquoi ?

Le ________ en provenance de ________ entre en gare ________ numéro ________. Éloignez-vous de la bordure du quai, ________.

Phonétique

Attention aux chiffres !
Écoutez. Notez les liaisons. Répétez.

1. ***deux voies / voie deux / deux‿heures***
2. six quais / quai six / six heures
3. huit quais / quai huit / huit heures
4. neuf quais / quai neuf / neuf heures
5. dix quais / quai dix / dix heures.

C. Écouter

1 **Cochez les phrases que vous entendez.**

4.10 **a.** Entendez-vous [ɛ̃] comme dans « vin » ou [ɑ̃] comme dans « vent » ?

1. ☐ C'est un vin sec.	☐ C'est un vent sec.
2. ☐ Il est marin.	☐ Il est marrant.
3. ☐ Je voudrais le plein.	☐ Je voudrais le plan.
4. ☐ Ça fait 500 euros.	☐ Ça fait 105 euros.

b. Entendez-vous [o] comme dans « faux » ou [u] comme dans « fou » ?

1. ☐ C'est faux.	☐ C'est fou.
2. ☐ Il est sot.	☐ Il est saoul.
3. ☐ Il est tôt pour elle.	☐ Il est tout pour elle.
4. ☐ C'est un gros mot.	☐ C'est un gros mou.

2 **Vous allez entendre trois conversations correspondant aux trois situations suivantes.**

4.11

1. À l'hôtel : Amélie règle sa note

2. Dans la rue : Amélie demande son chemin

3. À la gare : Amélie prend le train

a. Écoutez et répondez aux questions suivantes.

1. *Amélie à l'hôtel*: Combien est-ce qu'elle paye ? Comment ?
2. *Amélie dans la rue*: Où est-ce qu'elle veut aller ? Comment ?
3. *Amélie à la gare*: Quel jour est-ce qu'elle part ? À quelle heure ?

b. Donnez d'autres informations sur chaque situation.

D. Lire

1 Regardez les quatre documents suivants et dites si les affirmations suivantes sont vraies ou fausses.

HOTEL LEDUC

★★★

Nombre de chambres : 67

Chambre simple : 75 € – 90 €

Chambre double : 120 € – 150 €

Petit déjeuner : 13 €

DÉPARTS			
AF 653	BEYROUTH	15:50	PORTE 11
BA 123	LONDRES	16:05	PORTE 26
AC 872	MONTRÉAL	16:05	PORTE 45
AZ 301	MILAN	16:10	PORTE 39

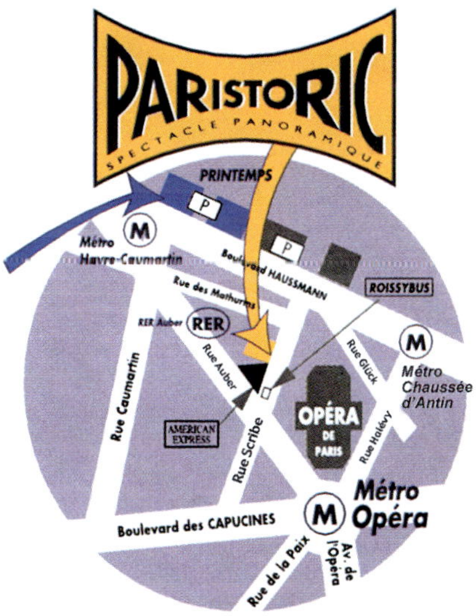

Vrai ou faux ?

1. À l'hôtel Leduc, on peut téléphoner directement de sa chambre.
2. Dans cet hôtel, le petit déjeuner est compris dans le prix de la chambre.
3. Dans cet hôtel, il y a une piscine.
4. Le vol BA123 en provenance de Londres arrive à 16 h 05 à la porte 26.
5. Pour aller au spectacle Paristoric, descendez au métro Opéra, prenez la rue Auber, allez tout droit, tournez à droite au bout de la rue.

E. Écrire

2 Écrivez une phrase sur chacun des quatre documents ci-dessus.

1. ……………………………………
2. ……………………………………
3. ……………………………………
4. ……………………………………

F. Parler

3 Allez page 152. Lisez à deux les trois dialogues 4.11. Changez les mots en rouge. Puis jouez trois situations semblables.

Entre cultures
Laisser un pourboire

1 **La pratique du pourboire est différente selon les pays.**

a. Lisez cet article.

L'art du pourboire

Au Danemark, en Corée ou en Chine, il est très rare de laisser un pourboire. Au contraire, aux États-Unis, le pourboire est pratiquement obligatoire. En Irlande et au Royaume-Uni, vous devez laisser un pourboire dans les restaurants, mais ne laissez pas de pourboire dans les pubs, où les clients se servent au bar.

En France ou en Belgique, dans les cafés et les restaurants, le prix comprend le service, mais il est normal de laisser un pourboire. Le montant est de 10 à 15 % de l'addition. Il est aussi normal de glisser une pièce aux ouvreurs dans les théâtres ou d'arrondir le montant de la course en taxi. En Turquie, ne laissez pas de pourboire au chauffeur de taxi ou de minibus, mais laissez un pourboire au laveur de voiture, au guide touristique, au coiffeur, etc.

Bref, faut-il laisser un pourboire? La question est compliquée. Avant de voyager, le mieux est de demander à un habitant du pays ou de consulter un bon guide touristique.

b. Vrai ou faux ?

	VRAI	FAUX
1. Vous buvez une bière au bar d'un pub irlandais, à Dublin. Laissez un pourboire d'environ 10 %.	☐	☐
2. En Chine, vous devez laisser un pourboire au serveur du restaurant.	☐	☐
3. Vous êtes dans un café, à Paris. L'addition est de 8 euros, service compris. Laissez environ un euro de pourboire.	☐	☐
4. Vous êtes en Turquie. Le facteur apporte un paquet à votre domicile. N'oubliez pas le pourboire.	☐	☐
5. Dans un théâtre belge, on laisse un pourboire à l'ouvreur.	☐	☐

2 **À vous !**

Discutez les questions suivantes.

a. Est-ce qu'on laisse des pourboires dans votre pays ?

b. Est-ce que vous laissez des pourboires ? Si oui, vous laissez combien ?

5

travail

1 Déjeuner d'affaires

1 Madame Lang est responsable des ventes dans une petite entreprise.

Aujourd'hui, elle déjeune au restaurant *La Casserole* avec monsieur Claudel, un client.

5.1 Écoutez et/ou lisez.
Qu'est-ce qu'ils vont commander ?

Mme Lang: Alors, cher monsieur, qu'est-ce que vous prenez comme entrée ?

M. Claudel: Je vais prendre une assiette de crudités.

Mme Lang: Et comme plat principal ?

M. Claudel: Je vais essayer la truite aux amandes. Avec du riz. Mais sans sauce.

Mme Lang: Moi, je vais prendre du pâté de canard en entrée et comme plat principal, le pavé au poivre avec... euh... des frites, beaucoup de frites. Et comme boisson, monsieur Claudel ? Voulez-vous du vin ?

M. Claudel: Non, pas pour moi, merci, je ne bois pas d'alcool. Je vais prendre de l'eau. Une bouteille d'Évian, c'est très bien.

Mme Lang: Vous êtes très raisonnable. Moi, je vais prendre un peu de vin... euh... un bordeaux, pour commencer. *(Au serveur)* Monsieur, s'il vous plaît !

Le serveur: Oui, voilà. Madame, monsieur, vous avez fait votre choix ?

Mme Lang: Oui, alors, en entrée, monsieur va prendre...

2 Jouez à deux.

- **A** : Vous êtes Mme Lang. Vous passez la commande pour vous et pour votre invité. Utilisez le futur proche.
Oui, alors, en entrée, monsieur va prendre...
Moi, je vais prendre...
- **B** : Vous êtes le serveur.
Vous avez fait votre choix ?
Et comme plat ?
Et comme boisson ? Etc.
À la fin, résumez la commande.

Le futur proche

Aller **+ infinitif**

Je vais	*essayer le gâteau.*
Nous allons	*prendre de l'eau.*
Ils vont	*commander.*

→ ***Précis grammatical*****, p. 134**
Faites l'exercice C, p. 134

Exprimer la quantité

- **Une quantité indéterminée**

Il y a	***de la*** *salade.*
Vous avez	***du*** *fromage.*
Je voudrais	***de l'****eau.*
Je vais prendre	***des*** *pâtes.*

- **Une quantité déterminée**

	beaucoup	***de*** *sel*
Je veux	***un peu***	***d'****huile.*
	une tasse	***de*** *café*

⚠ **Attention !**
Vous aimez ***le*** *poisson ?*
Où est ***la*** *moutarde ?*
Je ne veux ***pas de*** *poisson.*

→ ***Précis grammatical*****, p. 130 et 133**
Faites l'exercice A, p. 133

3 **Le texte suivant est extrait d'un guide touristique.**
Complétez ce texte avec ***un, une, l', d', de, des, du.***

Dans un restaurant français, vous pouvez prendre un apéritif (un verre ______ alcool). Ensuite, vous commandez une entrée (par exemple, ______ assiette ______ charcuterie) et ______ plat principal (de la viande ou ______ poisson, avec ______ légumes). Après, vous commandez un fromage et/ou un dessert. Pour terminer, vous prenez un café et vous payez ______ addition.

4 **Madame Lang et monsieur Claudel choisissent le fromage et le dessert.**
a. Lisez cette page de la carte du restaurant *La Casserole*.

5.2 **b.** Écoutez. Qu'est-ce que madame Lang et son client vont commander ?

La Casserole

Nos fromages

Camembert	3,05	Brie	3,25
Chèvre	3,85	Roquefort	3,80

Nos desserts

Glaces, tous parfums	3,05	Tarte maison	3,80
Crème caramel	3,45	Salade de fruits frais	3,86
Mousse au chocolat	3,45	Gâteau aux poires	3,80

PRIX SERVICE COMPRIS 15 % TTC
Une carte bancaire est acceptée à partir de 15 €

5 **Jouez à deux.**
• **A** : Vous êtes madame Lang et vous passez la fin de la commande.
Alors, comme fromage, monsieur va prendre…
• **B** : Vous êtes le serveur.
Voulez-vous un fromage ?
Qu'est-ce que vous prenez comme dessert ?
Voulez-vous un café ? Un thé ?
Autre chose ?

Phonétique

Intonation : l'énumération
Écoutez. Répétez. Imitez l'intonation.

1. Je voudrais un steak et des frites.
2. Je voudrais de la salade, du fromage et un verre de vin.
3. Je vais prendre un café, une mousse au chocolat et un cognac.

2 Appel téléphonique

1 Vous allez entendre une conversation téléphonique.

5.3 **a.** Écoutez et répondez aux questions suivantes.

1. Qui appelle ? Pourquoi ?
2. Mme Walter est-elle dans son bureau ?
3. Qu'est-ce que M. Ledoux va faire ?

b. Lisez la conversation à deux. Changez les mots **en rouge**.

– **Société Infotel**, bonjour.

– Bonjour, je suis **David Ledoux**, de **la PAC**, je voudrais parler à **Alice Walter**, s'il vous plaît.

– Je regrette, **madame Walter** vient de sortir.

– Mince alors !

– Voulez-vous laisser un message ?

– Non, ce n'est pas la peine. Je peux la joindre à quelle heure ?

– Essayez **vers 14 heures**.

– D'accord, je la rappelle **après le déjeuner**. Merci, au revoir.

– Au revoir, monsieur.

2 Pronoms COD.

a. Complétez le dialogue avec les pronoms *le*, *la*, *l'* ou *les*.

– Alice Walter, vous ______ connaissez ?

– Oui, bien sûr, je ______ connais bien. Je viens de l'avoir au téléphone.

– Et David Ledoux, vous ______ connaissez aussi ?

– Oui, un peu, pourquoi ?

– Je voudrais ______ rencontrer tous les deux.

– Vous pouvez ______ appeler, si vous voulez.

b. Mettez au passé récent.

1. Il nous appelle.
   Il vient de nous appeler.
2. Je vous appelle.
3. Vous m'appelez.
4. Ils vous appellent.
5. On t'appelle.

Les pronoms COD

• ***le, la, l', les***
Je connais David.
→ *Je **le** connais. Je **l'**appelle souvent.*
Je connais Alice.
→ *Je **la** connais. Je **l'**appelle souvent.*
Je connais David et Alice.
→ *Je **les** connais. Je **les** appelle souvent.*

• ***m(e), t(e), nous, vous***
*– Est-ce que David **vous** connaît ?*
*– Oui, il **me** connaît bien et il **m'**appelle souvent.*

⚠ Remarquez la place du pronom :
*Je ne **le** connais pas.*
*Je voudrais **le** connaître.*

→ ***Faites les exercices A et B*, p. 141**

Le passé récent

Venir de + infinitif
Je viens de partir.
Elle vient d'appeler.

⚠ **Avec un COD**
*Elle vient de **m'**appeler.*
*Nous venons de **le** rencontrer.*

→ ***Précis grammatical*, p. 134**

Le verbe « appeler »

j'appell**e**	nous appel**ons**
tu appell**es**	vous appel**ez**
il/Elle appell**e**	ils/elles appell**ent**

3 Qui appelle ?

5.4 **a.** Mettez dans l'ordre. Puis écoutez et vérifiez vos réponses.

☐ – C'est de la part de qui ?

☐ – Merci. Un instant, **monsieur Malle**, je vous passe **madame Walter**.

1 – **Société Infotel**, bonjour.

☐ – Bonjour. Pourrais-je parler à **madame Walter**, s'il vous plaît ?

☐ – De la part de **Vincent Malle**.

☐ – Excusez-moi, pouvez-vous épeler votre nom, s'il vous plaît ?

☐ – **M comme Michel – A – deux L – E**

b. Lisez la conversation à deux. Changez les mots **en rouge**. Puis fermez le livre et jouez la conversation à deux.

4 Vous allez écouter quatre conversations téléphoniques.

5.5 **a.** Pour chaque conversation, dites qui appelle.

1. ☐ M. Gallois
   ☐ Pauline Sénéchal
2. ☐ Michel Robinet
   ☐ Lisa Gomez
3. ☐ Cécile Wolf
   ☐ Michael Lamy
4. ☐ Paul Chopin
   ☐ Florence Janin

5.5 **b.** Écoutez de nouveau. Cochez ci-dessous les expressions du téléphone que vous entendez. Dites qui utilise chaque expression.

☐ Je voudrais parler à…

☐ Je vous appelle parce que…

☐ Je vous passe…

☐ Oui, c'est moi-même.

☐ Je suis bien au…

☐ C'est de la part de qui ?

c. Allez page 153 et pratiquez à deux les quatre conversations 5.5. Changez les mots en rouge.

5 Téléphonez à deux.

• **A** : Vous travaillez dans votre pays, au siège social de la société YOP. Vous partagez un bureau avec Linda Valette. En ce moment, vous êtes seule. Linda vient de sortir. Vous répondez au téléphone. Répondez dans votre langue. Demandez et écrivez le nom de votre correspondant.

• **B** : Vous appelez le siège social de la société YOP, à l'étranger. Demandez à votre correspondant s'il parle français. Vous voulez parler à Linda Valette.

LES EXPRESSIONS DU TÉLÉPHONE

J'APPELLE

• **Je salue, je me présente.**
Bonjour. Je suis / Ici Vincent Malle.
(C'est) Vincent Malle à l'appareil.

• **Je vérifie l'identité du correspondant.**
Vous êtes (bien) madame Walter ?
Je suis bien chez Alice / à l'hôtel Ibis ?

• **Je dis à qui je veux parler.**
Je voudrais parler à madame Walter.
Pourrais-je / Est-ce que je peux parler à madame Walter, s'il vous plaît ?

• **Mon correspondant est absent.**
Est-ce que je peux laisser un message ?
Je peux le (la) joindre à quel moment ?
Je rappellerai plus tard.
Pouvez-vous lui dire de me rappeler ?

• **Je dis pourquoi je téléphone.**
Je vous appelle au sujet de / parce que…
Je voudrais une information (concernant…).

JE RÉPONDS

• **Je confirme mon identité.**
Oui, c'est bien moi.
C'est moi-même / lui-même / elle-même.

• **Je demande qui parle.**
C'est de la part de qui ?

• **Je demande le motif de l'appel.**
C'est à quel sujet ?

• **Je dois passer un correspondant.**
Un instant, s'il vous plaît, je vous passe…
Ne quittez pas, je vous le (la) passe.

• **Le correspondant est absent.**
Pouvez-vous rappeler un peu plus tard ?
Voulez-vous laisser un message ?
D'accord, c'est noté.
Est-ce qu'il a votre numéro ?
Vous pouvez comptez sur moi.

Phonétique

Alternance [ɛ]-[ə] dans certains verbes : APPELLE-APPELONS

Aux première et deuxième personnes du pluriel, ces verbes ont un [ə], comme dans « le ».

a. Écoutez. Répétez.

b. Donnez l'infinitif de ces verbes et conjuguez-les au présent.

1. J'appelle / Nous appelons
2. Vous jetez / Ils jettent
3. Nous achetons / Ils achètent
4. Tu te promènes / Vous vous promenez
5. On se lève / Nous nous levons

3 Expérience professionnelle

1 Qu'est-ce qu'ils ont fait ?

a. Écrivez les phrases au passé composé.

1. Je travaille dans l'administration.
J'ai travaillé dans l'administration.
2. Il fait ses études à Londres.
3. On a des problèmes au travail.
4. Elle est serveuse dans un restaurant.
5. Nous vendons des bijoux.
6. Vous gagnez un bon salaire.
7. Je finis mes études.
8. Tu écris une lettre de motivation.
9. J'envoie mon curriculum vitae.
10. Ils choisissent le meilleur candidat.

b. Regardez le dessin ci-contre. Complétez la bulle avec une des phrases ci-dessus au passé.

2 Interview.

a. Écrivez les questions de l'interview suivante. Utilisez ***est-ce que*** avec ***vous*** et avec le verbe entre parenthèses au passé composé.

1. – *(étudier)* ***Qu'est-ce que vous avez étudié ?***
 – La linguistique.
2. – *(faire ses études)* ________________ ?
 – À Paris, à la Sorbonne.
3. – *(vivre à l'étranger)* ________________ ?
 – Oui, je viens de passer un an à Pékin.
4. – *(travailler)* ________________ ?
 – Oui, j'ai donné des cours de français dans une université chinoise.
5. – *(trouver ce travail)* ________________ ?
 – J'ai répondu à une offre d'emploi.
6. – *(apprendre le chinois)* ________________ ?
 – Oui, j'ai pris des cours avec un professeur.

b. À vous ! Pratiquez une interview semblable avec votre voisin(e).

3 Savoir ou connaître ?

Complétez avec les verbes *connaître* ou *savoir* au présent.

1. Vous ________ piloter un avion ?
2. Elle ne ________ pas écrire l'anglais.
3. Je ________ bien la musique.
4. Je ne ________ pas jouer du piano.
5. Tu ________ Frédéric Taffin ?

Le passé composé (1)

• En principe, on forme le passé composé avec *avoir* + participe passé.
*J'**ai** travaillé*
*Tu **as** travaillé*
*Il/Elle **a** travaillé*
*Nous **avons** travaillé*
*Vous **avez** travaillé*
*Ils/Elles **ont** travaillé*

• Formation du participe passé :
– Verbes en -er : -er → **é**
Travailler : *travaillé*
– Verbes en -ir : ir → **i**
Finir : *fini*
– Verbes en -re : re → **u**
Vendre : *vendu*
– Quelques verbes irréguliers

Faire : *fait*	Apprendre : *appris*
Etre : *été*	Avoir : *eu*

→ ***Précis grammatical*, p. 134**
***Tableaux des conjugaisons*, p. 144**

Savoir, connaître

• savoir + verbe
Il sait conduire
• connaître + nom
Il connaît le code de la route

4 **Lisez l'offre d'emploi ci-contre et décrivez le candidat idéal.**

Il connaît l'informatique. Il…

5 **Un candidat répond à cette offre d'emploi.**

a. Lisez son mail. Soulignez les verbes au passé composé. Il y en a combien ?

Objet : offre CM 432

Madame, Monsieur,
Je m'appelle Frédéric Taffin et j'ai 23 ans. Je suis belge. J'ai fait des études de commerce à Louvain. J'ai étudié le commerce pendant deux ans. Après mes études, j'ai été vendeur pendant trois ans dans un magasin informatique. Le magasin a fermé et j'ai perdu mon travail. Je sais conduire une voiture. Je sais aussi piloter une moto (en juillet dernier, j'ai gagné le championnat d'Europe de motocross). Je ne connais pas bien l'anglais, mais je peux apprendre. Je suis très motivé et j'apprends très vite.
Cordialement,
Frédéric Taffin

b. Complétez la fiche d'information ci-contre.

c. À vous ! Qu'est-ce que vous avez fait ? Qu'est-ce que vous savez faire ? Écrivez un mail similaire sur vous.

Madame, Monsieur,
Je m'appelle…

6 **Martine Cottin, de l'agence Kirecrute, a un entretien d'embauche avec un candidat.**

5.6 **a.** Écoutez un extrait de cet entretien. Prenez des notes. Puis complétez la fiche d'information pour ce candidat.

b. Complétez le tableau suivant. Puis choisissez le meilleur candidat.

	F. Taffin	M. Petit
Forces		
Faiblesses		

Une entreprise informatique
recherche des

COMMERCIAUX

- Vous connaissez l'informatique.
- Vous savez conduire.
- Vous savez négocier.
- Vous maîtrisez l'anglais.

- Vous avez étudié les techniques de vente.
- Vous avez vendu du matériel informatique.

- Aujourd'hui, vous cherchez un emploi.
- Vous voulez gagner un bon salaire.
- Vous êtes motivé(e), flexible.
- Vous êtes disponible immédiatement.

Appelez le **04 76 99 88 55** ou envoyez
un mail à mcottin@kirecrute.fr
sous la référence CM 432

Fiche d'information

Nom : ________ Prénom : ________

Nationalité : ________

Formation : ________

Expérience professionnelle : ________

____

Anglais : ☐ notions
☐ bonnes connaissances
☐ courant

Permis de conduire : ☐ oui ☐ non

Divers : ________

____

____

Phonétique

Le son [j] : TRAVAIL

Le *Yod* [j] se prononce comme le *Yod* de *yes*.
Écoutez. Répétez.

1. yaourt - voyage - payé - vieux
2. Il a travaillé hier.
3. Il y a du soleil.
4. Elle a envoyé son travail.
5. Camille est la meilleure.

4 Une année au travail

1 Lisez ces mails.

De : David Moulin
A : Clara Verdier
Objet : Quoi de neuf depuis un an

Bonjour, Clara,
Un an déjà ! Qu'est-ce que tu deviens ? Est-ce que tu travailles encore chez Ixtel ? Comment vont mes anciens collègues ? Comment va ta famille ? Bonjour à Jacques de ma part.
Amitiés,
David

Objet : RE : Quoi de neuf depuis un an ?

Salut, David,
Quelle surprise ! Oui, je travaille toujours chez Ixtel, mais j'ai changé de poste. Je suis devenue responsable du service. Duval a pris sa retraite en juin et j'ai obtenu son poste. Caroline, notre meilleure assistante, a démissionné. Elle est partie en Colombie avec son mari. À sa place, nous avons embauché une jeune femme de 23 ans, très motivée, très efficace, très jolie aussi. Quoi encore ? Nous avons ouvert un bureau à Shanghai. Le mois dernier, je suis allée en Chine avec Lambert. Nous sommes restés une semaine. Es-tu déjà allé en Chine ?
Il y a des nouveautés dans ma petite famille. Jacques a quitté sa société. Il a créé sa propre agence immobilière. Nicolas, notre fils, a fini ses études d'ingénieur. Il a fait un stage de cinq mois chez Nortel, au Canada. Il est revenu la semaine dernière, très satisfait. Maintenant, il cherche un travail. Karine, notre fille, a passé son bac avec succès. Elle est entrée à la Sorbonne en octobre. Et toi, qu'est-ce que tu deviens ?
Bien à toi,
Clara

a. Identifiez les personnages suivants : DAVID, DUVAL, CAROLINE, LAMBERT, JACQUES, NICOLAS, KARINE.
David est un ancien collègue de Clara.

b. Dans la réponse de Clara, soulignez les verbes au passé composé. Il y en a combien ? Quels verbes se conjuguent avec être ?

c. Vrai ou faux ?
1. Clara a changé d'entreprise.
2. Elle a obtenu une promotion.
3. Monsieur Duval a démissionné.
4. Caroline a quitté Ixtel.
5. Ixtel a construit une usine en Chine.
6. Monsieur Lambert est allé en Chine.
7. Jacques a créé une entreprise.
8. Il est resté cinq mois chez Nortel.
9. Karine a réussi son bac.

Le passé composé (2)

• **On forme le passé composé des verbes suivants avec l'auxiliaire *être*.**
arriver, partir, retourner – entrer, sortir – aller, venir – monter, descendre – naître, mourir – rester, passer – tomber.
et aussi : *rentrer, revenir, devenir*, etc.

• **Avec l'auxiliaire *être*, le participe passé s'accorde avec le sujet.**
***Elles** sont parti**es** hier.*

• **La négation**
*Elle **n'**a **pas** trouvé de travail.*
*Elle **n'**est **pas** arrivée.*

→ **Faites l'exercice C, p. 137**

2 Clara raconte son voyage à Shanghai à Hugo, un collègue de travail.

a. Mettez les verbes au passé composé. Puis lisez le dialogue à deux.

Hugo : Alors, Clara, est-ce que vous (*trouver*) ________ un local pour le bureau ?
Clara : Oui, on (*louer*) ________ 80 mètres carrés dans un quartier d'affaires.
Hugo : Qu'est-ce que vous (*faire*) encore ?
Clara : On (*embaucher*) ________ une assistante chinoise.
Hugo : Est-ce qu'elle parle français ?
Clara : Oui, très bien, elle (*habiter*) ________ à Paris.
Hugo : Qu'est-ce qu'elle (*faire*) ________ à Paris ?
Clara : Elle (*apprendre*) ________ le français et elle (*étudier*) ________ dans une école de commerce.
Hugo : Vous (*avoir*) ________ le temps de visiter la ville ?
Clara : Un peu. Nous (*sortir*) ________ tous les soirs. Le dernier jour, je (*faire*) ________ les magasins. Je (*acheter*) ________ des vêtements. Mais Lambert (*pas venir*) ________ . Il déteste les magasins et il (*rester*) ________ à l'hôtel. Par contre, il adore la cuisine chinoise. On (*manger*) ________ chinois tous les jours. Et toi, qu'est-ce que tu (*faire*) ________ ?

5.7 **b.** Dans l'exercice **a.**, la transcription du dialogue est incomplète. Écoutez. Quelles sont les informations manquantes ?

c. Jouez à deux.
- **A** : Vous revenez de voyage. Racontez à B.
- **B** : Posez des questions à A sur son voyage.

3 Lisez la déclaration de Clara.

Clara : « Cette année, j'arrête de fumer, j'arrive au bureau à 8 heures, je reviens tôt à la maison, je pars en vacances avec Jacques, j'apprends le chinois, je retourne en Chine, je suis gentille avec Lambert, j'obtiens une nouvelle promotion, je prends la place de Lambert. »

Mais une année plus tard, Clara n'a pas tenu ses promesses.
Racontez au passé. Utilisez la négation. Commencez ainsi :
L'année dernière, Clara n'a pas arrêté de fumer, elle…

4 Vous recevez ce mail de David.

Objet : Quoi de neuf ?

Bonjour,
Comment vas-tu ? Quoi de neuf dans ta vie depuis un an ? Qu'est-ce que tu as fait ?
Amitiés,
David

Répondez à David. Écrivez un mail de 150 mots environ.

Phonétique

Intonation de la phrase négative
Écoutez. Répétez. Imitez l'intonation.

1. Il ne part pas. Il n'est pas parti.
2. Elle ne réussit pas. Elle n'a pas réussi.
3. Je ne viens pas. Je ne suis pas venu.
4. Elle ne sort pas. Elle n'est pas sortie.
5. On ne reste pas. On n'est pas resté.

5 Courrier électronique

1 Mario Vaillant travaille au service commercial d'une grande entreprise. Il vient de recevoir plusieurs mails.

Lisez rapidement ces mails page 83 et répondez aux questions suivantes. Justifiez votre réponse.

1. Quel mail est-ce que Mario Vaillant peut supprimer immédiatement ?
2. À quels mails est-ce qu'il doit répondre immédiatement ?
3. À quel mail est-ce qu'il peut répondre plus tard ?
4. À quel(s) mail(s) est-ce qu'il n'est pas obligé de répondre ?

2 Pronoms d'objet.

a. Soulignez les pronoms d'objet dans les mails de la page 83. Distinguez les pronoms COD et les pronoms COI. Dites ce qu'ils remplacent.

b. Répondez oui et non aux questions suivantes. Utilisez un pronom, comme dans l'exemple.

1. Vous avez écrit à Jacques ?
   Oui, je lui ai écrit.
   Non, je ne lui ai pas écrit.
2. Vous faites confiance à votre banquier ?
3. Est-ce que Paris plaît à vos amis ?
4. Vous répondez rapidement à vos clients ?
5. Vous avez répondu à madame Ixe ?
6. Vous pouvez répondre à madame Ixe ?

3 Manières de dire.

Trouvez dans les mails les mots ou groupes de mots qui signifient :

- je prépare en ce moment
  je suis en train de préparer
- merci de me les envoyer
- je te remercie par avance
- je ne peux pas vous joindre
- je vous demande de m'appeler
- je t'envoie en PJ
- je vous envoie en PJ
- je vous prie de bien vouloir les lire

4 À vous !

Mettez-vous à la place de Mario Vaillant et répondez à ces mails.

De : Mario Vaillant
À :
Objet :

Les pronoms COI

• ***lui, leur***
J'écris à Mario.
*→ Je **lui** écris.*
J'écris à Alice.
*→ Je **lui** écris.*
J'écris à Mario et à Alice.
*→ Je **leur** écris.*

• ***m(e), t(e), nous, vous***
*– Est-ce que Mario **t'**a écrit ?*
*– Non, il ne **m'**écrit jamais.*

→ *Précis grammatical*, p. 141 et 142
Faites les exercices C et D, p. 140 et l'exercice C, p. 142

Être en train de + infinitif

– Qu'est-ce que tu fais ?
*– **Je suis en train de** lire.*

→ *Précis grammatical*, p. 134
Faites l'exercice A, p. 134

1.

De : Jean-Paul Gonon
À : Mario Vaillant
Objet : Petite inquiétude

Bonjour, Mario,
On ne t'a pas vu vendredi soir. Je t'ai téléphoné plusieurs fois. Pas de réponse.
J'espère que tout va bien.
Amitiés.
Jean-Paul

2.

De : Pauline Becker
À : Mario Vaillant
Objet : demande de documents

Salut, Mario,
Je suis arrivée à Madrid et je suis en train de préparer la réunion. J'ai oublié les résultats des ventes de l'année en Espagne. Peux-tu me les envoyer dans les meilleurs délais ?
Merci par avance.
Pauline

3.

De : Ursula Grohe
À : Mario Vaillant
Objet : traduction catalogue

Monsieur,
J'ai bien reçu votre catalogue et j'ai commencé à le traduire. J'ai quelques questions concernant cette traduction, mais je n'arrive pas à vous joindre au téléphone. Pourriez-vous me téléphoner un jour de la semaine, entre 9 heures et midi ?
Meilleures salutations.
Ursula Grohe
308 218 306

4.

De : Nelly Gauthier
À : Mario Vaillant
Objet : Prix fous sur l'Asie

Cher Monsieur Vaillant,
Nous offrons des prix exceptionnels sur toutes nos destinations vers l'Asie. Pour connaître nos offres, cliquez ICI.

5.

De : service marketing
À : Mario Vaillant
Objet : visite de madame Cornu

Bonjour, Mario,
Je viens de recevoir un coup de téléphone de madame Cornu, de la société Hardy. Elle vient à Paris demain avec son patron. Peux-tu les recevoir dans l'après-midi et leur présenter nos nouveaux produits ? À quel moment ?
Isabelle

6.

De : Fabien Godet
À : Mario Vaillant
Objet : Remerciements
Pièces jointes : Photo de famille

Mon cher Mario,
Félicitations pour la soirée très réussie d'hier. Je t'envoie ci-joint une belle photo.
À bientôt,
Fabien

7.

De : Amandine Pierrot
À : Mario Vaillant
Objet : Demande de stage
Pièces jointes : CV, lettre de motivation

Monsieur,
Je suis étudiante à l'université de Paris-Dauphine. Je suis à la recherche d'un stage dans un service de marketing. Je vous adresse ci-joint mon CV et une lettre de motivation.
Merci de bien vouloir les lire.
Cordialement,
Amandine Pierrot

Phonétique

[w]-[ɥ] : LOUIS-LUI

Écoutez. Répétez.

1. louis / lui – moi / moins / mouette
2. Il lui a dit oui.
3. Je suis loin aujourd'hui.
4. Je suis venu trois fois.
5. Louis fait la cuisine.
6. Je lui envoie un mail.

Faire le point

A. Vocabulaire

1 Choisissez la bonne réponse.

1. Qu'est-ce que vous prenez en entrée ?
☐ Le gâteau aux fraises.
☐ Une assiette de crudités.

2. Vous prenez un fromage ?
☐ Je vais prendre un chèvre.
☐ Oui, je vais prendre une glace.

3. Voulez-vous laisser un message ?
☐ Dites-lui que Jacky a appelé.
☐ Entendu, je la rappelle.

4. Pourrais-je parler à Paul ?
☐ Un instant, s'il vous plaît.
☐ Je regrette, je vous passe Paul.

5. Est-ce que vous maîtrisez le français ?
☐ Je le parle couramment.
☐ Oui, j'ai des notions.

6. Quelle est votre formation ?
☐ J'ai étudié la physique.
☐ J'ai travaillé comme vendeur.

7. Qu'est-ce que tu deviens ?
☐ J'ai changé de poste.
☐ Je vais prendre du riz.

8. Tu travailles toujours dans cette banque ?
☐ Oui, j'ai démissionné.
☐ Oui, et j'ai obtenu une promotion.

2 Éliminez l'intrus.

1. le sel / le salaire / le poivre
2. le vin / l'eau / le pâté / le café
3. embaucher / appeler / téléphoner
4. Bonjour / Cordialement / À bientôt
5. un emploi / un poisson / un poste
6. un local / une boisson / un bureau
7. la retraite / la vente / le commerce
8. le canard / le gâteau / la tarte / la glace

3 Complétez les mots.

Retirer msg Nouveau msg Répondre Transférer Classer Suivant Imprimer Sécurité Supprimer Arrêter

A: Leila Rami
De: Sebastien Rousseau
Objet: Candidature spontanée Date: jeudi 15/09/2012 10:48
Pièces jointes: CV lettre de motivation

Madame,

Je suis actuellement à la re________ d'un po________ de maître d'hôtel dans un grand restaurant. J'ai une solide fo________ en restauration. J'ai une ex________ professionnelle de 10 ans comme chef de rang. Je vous adresse ci-jo________ mon cu________ vitae et une lettre de mo________.

Je me tiens à votre disposition pour un en__________ à la date et à l'heure qui vous conviendront.

Meilleures sa________.

Sébastien Rousseau

B. Grammaire

1 **Mettez au passé composé.**

Martine travaille comme serveuse dans un bar. Un jour, elle perd son travail. Elle achète un journal. Elle consulte les offres d'emploi. Elle répond à une offre. Elle attend une réponse. Elle reçoit une réponse. Elle est convoquée à un entretien d'embauche. Elle va à l'entretien. Elle rencontre le patron du restaurant. L'entretien tourne mal. Le patron lui pose des questions indiscrètes. Elle ne veut pas répondre. Finalement, elle n'obtient pas le poste. Pauvre Martine!

Martine a travaillé comme...

2 **Complétez avec un article partitif** *(du, de la, de l', des)* **ou avec** *d(e).*

Dans la « soupe du chef », il y a ***des*** champignons, ______ haricots blancs, ______ crème fraîche, ______ poulet, beaucoup ______ tomates, un peu ______ ail, un peu ______ coriandre, ______ huile d'olive, il n'y a pas ______ pommes de terre.

3 **Choisissez la bonne réponse.**

1. Vous aimez ______ poisson?
   - ☐ un ☐ du
   - ☐ le ☐ de
2. Je vais ______ un café.
   - ☐ prendre ☐ prend
   - ☐ prends ☐ pris
3. Elle a ______ son travail.
   - ☐ fini ☐ finit
   - ☐ finie ☐ finir
4. Il est ______ en Hongrie.
   - ☐ travaillé ☐ né
   - ☐ voyagé ☐ habité

4 **Complétez avec les verbes suivants conjugués au présent:**
être / aller / appeler / connaître / savoir / venir.

1. Désolé, elles ______ de partir.
2. Il ______ passer demain au bureau.
3. Ils ne ______ pas compter.
4. Vous ______ ce métier?
5. On ______ en train de réfléchir.
6. Je vous ______ demain, d'accord?

5 **Complétez avec un pronom.**

Vous me demandez si je connais Pierre Vidal. Eh bien oui, je ______ connais bien. Je ______ téléphone souvent pour ______ demander des conseils. Le mois dernier, je ______ ai appelé au sujet du projet Cerise. Je ______ ai parlé de nos problèmes. Je ______ ai posé beaucoup de questions. Il ______ a répondu très gentiment. Je ______ trouve très sympathique et je ______ apprécie beaucoup. Je vais ______ voir demain. Vous voulez venir?

C. Écouter

1 **Cochez les mots que vous entendez.**

5.8

1. ☐ Louis	☐ lui	5. ☐ bouée	☐ buée
2. ☐ mouette	☐ muette	6. ☐ nouée	☐ nuée
3. ☐ loueur	☐ lueur	7. ☐ quoi	☐ cuit
4. ☐ enfoui	☐ enfui	8. ☐ boisson	☐ buisson

2 **Sarah et Florian, deux collèges de travail, sont au restaurant.**

5.9 **a.** Écoutez leur dialogue et cochez les mots que vous entendez.

☐ **Entrées**	☐ **Plats**	☐ **Desserts**
☐ Salade niçoise	☐ Côte de bœuf au four	☐ Glaces, tous parfums
☐ Salade de tomates	☐ Rôti de veau aux olives	☐ Tarte au citron
☐ Assiette de crudités	☐ Omelette à l'oignon	☐ Crème caramel
☐ Pâté de canard	☐ Saumon grillé	☐ Fruits de saison
☐ Œuf dur mayonnaise	☐ Saucisse au vin blanc	☐ Gâteau aux cerises
☐ Concombres à la crème	☐ Truite aux amandes	☐ Mousse au chocolat
☐ Potage du pêcheur	☐ Poulet rôti aux épices	☐ Compote de pommes

b. Écoutez de nouveau et répondez aux questions.
1. Qu'est-ce que Sarah va manger ?
2. Qu'est-ce que Florian va manger ?

3 **Vous allez entendre une conversation téléphonique.**

5.10 **a.** Écoutez. Qui sont les personnes au téléphone ?

☐ un vendeur et un client
☐ un professeur et un étudiant
☐ un patron et son assistant
☐ deux collègues de travail

b. Écoutez de nouveau. Cochez ce que vous entendez.

☐ Je souhaiterais parler à monsieur Rey…
☐ C'est moi-même.
☐ C'est de la part de qui ?
☐ Je m'appelle Félix Billard…
☐ Je vous appelle parce que…
☐ Nous proposons actuellement…
☐ Je ne suis absolument pas intéressé.
☐ Absolument pas.
☐ Je n'insiste pas.
☐ Je vous souhaite une bonne soirée.

c. Quelle est l'attitude de monsieur Rey ? Cochez la bonne réponse.

☐ Monsieur Rey est hésitant.
☐ Il est catégorique.
☐ Il est impoli.

D. Lire

1 Lisez ce CV et dites si les affirmations suivantes sont vraies ou fausses.

Sanna Key
23, place Joffre
75007 Paris
01 56 67 67 77
skey@free.fr

24 ans,
de nationalité suédoise

Formation

2009 – 2012	École supérieure de commerce, Paris Master en gestion commerciale
2009	Fin d'études secondaires en Suède (équivalent du baccalauréat)

Expérience professionnelle

Depuis 2013	Ixtel (magasin de produits informatiques), Paris Chef des ventes : responsable d'une équipe de cinq vendeurs
2010 – 2012	Ixtel, Paris Vendeuse à temps partiel
2008 – 2009	Restaurant Garbo, Lund, Suède Serveuse à temps partiel

Langues

Suédois	langue maternelle
Norvégien	courant
Anglais	courant (7 ans d'études au lycée)
Français	courant

Divers

Championne de judo junior de Suède en 2009
Fondatrice du journal en ligne judoclub.com

Vrai ou faux ?

1. Sanna Key a fini ses études en 2009.
2. Elle a quitté la Suède après le lycée.
3. Elle a travaillé et étudié en même temps.
4. Elle a été vendeuse chez Garbo, à Lund.
5. Elle a appris l'anglais en Suède.
6. Elle a gagné une compétition sportive.

E. Écrire

2 Écrivez cinq phrases sur Sanna Key avec les verbes suivants au passé composé :
étudier, arriver, travailler, vendre, fonder

F. Parler

3 Vous passez un entretien d'embauche. Le recruteur vous dit :
« Dites-moi quelques mots sur votre formation et sur votre expérience professionnelle. »
Qu'est-ce que vous répondez ?

4 Un vendeur A téléphone au domicile d'une personne B. Il veut vendre quelque chose.
Préparez et jouez la conversation à deux. Utilisez des expressions de l'exercice **3b**, page 86.

Entre cultures

La vie au bureau

1 **Julie Lemieux travaille au ministère des Finances, à Paris. Un journaliste l'a interviewée sur sa vie au bureau.**

5.11 **a.** Lisez et/ou écoutez cette interview.

Est-ce que vous pointez ?

Non, je ne pointe pas parce que je suis cadre. En fait, je ne compte pas mes heures de travail. Mais il y a des badgeuses pour le personnel non cadre.

Est-ce que vous fumez au bureau ?

Non, c'est interdit. Les fumeurs doivent sortir pour fumer. Moi, de toute façon, je ne fume pas.

Où est-ce que vous déjeunez ?

Généralement, je déjeune dans le restaurant du ministère. C'est un bon restaurant, bon marché, pour les employés du ministère.

Quels vêtements portez-vous au travail ?

Je viens au bureau en tailleur. La plupart de mes collègues hommes sont en costume cravate.

Est-ce que vous passez beaucoup de temps en réunion ?

Je passe plus de temps devant l'ordinateur.

Est-ce que vous tutoyez vos collaborateurs ?

Je tutoie certains collègues. Je vouvoie mon assistante et mon directeur.

Est-ce que vous lisez le journal au bureau ?

Le ministère reçoit plusieurs journaux. Je lis *Les Échos* tous les matins, en arrivant au bureau.

Est-ce que vous envoyez des e-mails personnels de votre bureau ?

Oui, ça m'arrive. Parfois aussi, je passe des coups de fil personnels. Pas vous ?

b. Vrai ou faux ?	**VRAI**	**FAUX**
1. Certains fonctionnaires du ministère fument.	☐	☐
2. Julie Lemieux apprécie le restaurant du ministère.	☐	☐
3. Elle s'habille de façon décontractée.	☐	☐
4. Elle travaille beaucoup avec l'ordinateur.	☐	☐
5. Elle vouvoie certains collègues.	☐	☐
6. Elle lit un journal au bureau.	☐	☐
7. Quand elle est au bureau, elle téléphone parfois à des amis ou à sa famille.	☐	☐

2 **À vous !**

Pratiquez l'interview à deux.

- Quand vous répondez, donnez de véritables informations sur vous-même.
- Quand vous posez des questions, demandez des détails : *Pourquoi ? C'est-à-dire ? Par exemple ? Etc.*

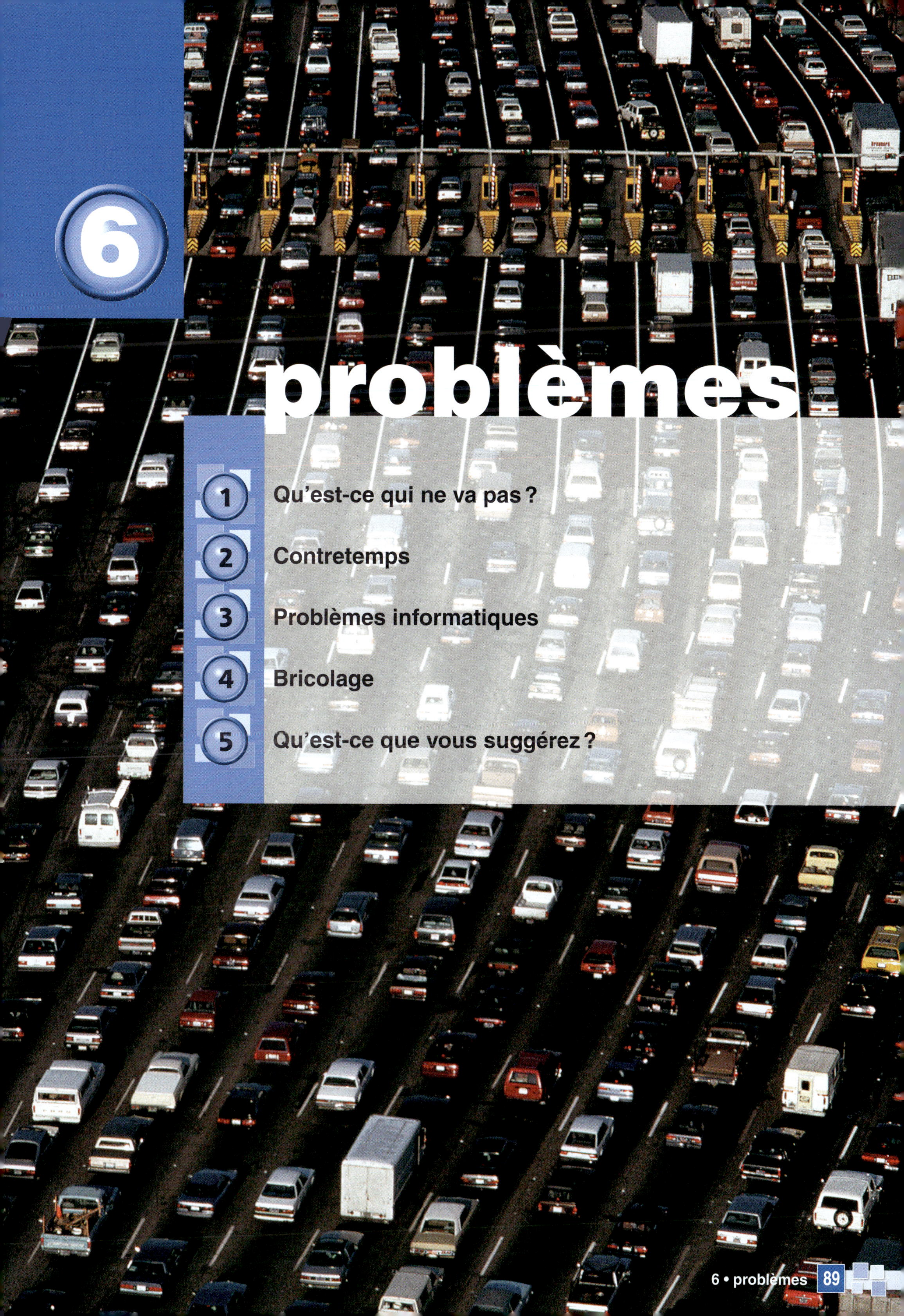

6 problèmes

1 Qu'est-ce qui ne va pas ?

1 Vous allez entendre trois dialogues différents.

6.1 **a.** Écoutez. Dans chaque cas, trouvez le problème.

1
- ☐ Il cherche quelqu'un.
- ☐ Il cherche quelque chose.

2
- ☐ Paul ne parle à personne.
- ☐ Paul n'écoute personne.

3
- ☐ Il ne connaît rien.
- ☐ Il n'entend rien.

b. Qui parle à qui ? Complétez avec le prénom.

Photo 1 : Paul parle à ______

Photo 2 : Suzanne parle à ______

Photo 3 : ______ parle à ______

c. Vrai ou faux ?
1. Bill est un ami de Paul.
2. Bill connaît Catherine.
3. Catherine est la femme de Paul.
4. Suzanne connaît Paul.

Rien – Personne

– *Tu vois **quelque chose** ?*
– *Non, je **ne** vois **rien**.*
– *Tu vois **quelqu'un** ?*
– *Non, je **ne** vois **personne**.*

→ ***Précis grammatical*, p. 137**
Faites l'exercice D, p. 137

2 Les phrases suivantes sont extraites des dialogues.

6.1 **a.** Complétez ces phrases avec *quelque chose, quelqu'un, rien, personne.* Puis écoutez de nouveau et vérifiez vos réponses. Qui est-ce qui prononce ces phrases ?

1. Il n'y a ______ de ce nom ici.
2. Ça ne sert à ______.
3. Il faut faire ______.
4. Tu connais ______ à Madrid ?

b. Qui est-ce qui pose les questions suivantes ? Cochez la bonne réponse. Puis dites ce que l'autre personne répond.
1. Qui est-ce que vous cherchez ?
   ☐ Paul ☐ Bill
2. Qui est-ce qui peut me renseigner ?
   ☐ Paul ☐ Bill
3. Qu'est-ce qui ne va pas ?
   ☐ Catherine ☐ Suzanne
4. Qu'est-ce que tu veux dire ?
   ☐ Catherine ☐ Suzanne
5. Qu'est-ce que tu vas faire ?
   ☐ Catherine ☐ Suzanne
6. Pardon ? Qu'est-ce que tu dis ?
   ☐ Paul ☐ Suzanne

Qui/Qu'est-ce qui/que... ?

- **La question porte sur une personne**

– ***Qui est-ce qui*** *travaille ici ?*
– Notre directeur *travaille ici.* (sujet)
– ***Qui est-ce que*** *tu attends ?*
– *J'attends* le directeur. (COD)

- **La question porte sur une chose**

– ***Qu'est-ce qui*** *brille dans le ciel ?*
– Le soleil *brille.* (sujet)
– ***Qu'est-ce que*** *tu vois ?*
– *Je vois* le soleil. (COD)

→ ***Précis grammatical*, p. 136**
Faites l'exercice D, p. 136

3 À vous !

Allez page 154 et lisez à deux les trois dialogues 6.1. Changez les mots **en rouge**. Puis jouez les situations à deux, sans lire.

4 Marco Lang et Fanny Meyer travaillent dans une grande entreprise pharmaceutique.

Retirer msg Nouveau msg Répondre Transférer Classer Suivant Imprimer Sécurité Supprimer Arrêter

A : Marco Lang
De : Fanny Meyer
Objet : formation marketing

Bonjour, Marco,
Il y a un changement concernant la formation du 24 mai sur le marketing. Gérard Hardy ne peut pas venir. Je suis un peu déçue. **Quelqu'un** d'autre va le remplacer.
En ce moment, je suis très prise, je fais **quelque chose** d'important et de difficile.
Comme tu sais, Mathieu a démissionné. La DRH vient d'embaucher **quelqu'un** à sa place.
C'est quelqu'un de gentil, mais il ne connaît rien au travail et il est souvent dans la lune.
Ce n'est pas facile de travailler avec lui.
Par ailleurs, j'ai des problèmes personnels, **quelque chose** me tracasse et j'ai du mal à me concentrer.
Bien à toi,
Fanny

a. Trouvez dans le message de Fanny les mots ou groupes de mots qui signifient :
– au sujet de
– venir à sa place
– maintenant
– occupée
– donné sa démission
– direction des ressources humaines
– vient de recruter
– distrait
– d'autre part
– préoccupe
– réfléchir
– cordialement

b. Répondez aux questions suivantes.
1. Quel est l'objet du message ? Qu'est-ce que dit Fanny à ce sujet ?
2. Quels sont les problèmes de Fanny ?

c. Vous voulez des précisions. Posez des questions sur les mots **en rouge** dans le message de Fanny.

Objet : demande de précisions

Chère Fanny,
Merci pour ton mail. Mais tu me caches beaucoup de choses.
1. Qui est-ce qui *va remplacer Gérard* ?
2. Qu'est-ce que tu ______ ?
3. Qui est-ce que la ______ ?
4. Qu'est-ce qui te ______ ?

5 Jouez à deux.

• **A** : Posez à B les quatre questions de l'exercice **4c**. Écrivez les réponses. Notez tous les détails.
Qui est-ce qui va remplacer Gérard ?
Qu'est-ce que tu…

• **B** : Consultez le dossier 6 page 127 et répondez aux questions de A. Donnez tous les détails.

6 Mettez-vous à la place de Fanny.

Répondez par mail aux quatre questions de l'exercice **4c**. Donnez des détails.

De : Fanny Meyer
A :
Objet : RE : demande de précisions

Bonjour,
Pour répondre à ta curiosité, voici quelques précisions concernant tes quatre questions.
Monsieur Rossi va…

Phonétique

[b]-[v] : BOIRE-VOIR
Écoutez. Répétez.
1. Il boit / Il voit
2. Il bat / Il va
3. L'habit / La vie
4. Le banc / Le vent
5. Bien / Viens

2 Contretemps

1 Nous sommes le 20 septembre. Il est 10 heures du matin à Paris. Claire Buisson téléphone à son ami Marco, au Mexique.

6.2 **a.** Complétez la conversation avec les phrases suivantes. Puis écoutez et vérifiez vos réponses.

À l'aéroport, à Paris.
Oui, c'est moi, Claire. Je te réveille ?
J'ai raté mon avion.
Oui, j'ai raté mon avion.
Allô ! Marco ? C'est Claire.
Je me suis réveillée trop tard.

Marco :	Bueno !
Claire :	______________
Marco :	Claire ? Qui ça ? Claire ?
Claire :	______________
Marco :	Non, non… euh… enfin, oui, il est 2 heures du matin. Tu es où ?
Claire :	______________
Marco :	À Paris ! Il y a eu un problème ?
Claire :	______________
Marco :	Quoi ? Qu'est-ce que tu dis ?
Claire :	______________
Marco :	Mais pourquoi ? Qu'est-ce qui s'est passé ?
Claire :	______________

b. Répondez aux questions suivantes.
1. Où se trouve Claire ?
2. Quel est le problème ?
3. Quelle est la cause du problème ?

2 Claire raconte son aventure.

Claire : « Ce matin, je me réveille un peu tard. Alors, je me lève tout de suite, je me précipite dans la salle de bains, je me lave, je m'habille à toute vitesse. Je prends ma voiture et alors, pas de chance, je me retrouve dans les embouteillages. Je m'énerve, je me dispute avec un autre automobiliste. Finalement, j'arrive à l'aéroport, mais trop tard ! »

a. Mettez au passé composé.
Ce matin, je me suis réveillée…

6.3 **b.** Écoutez et vérifiez vos réponses.

Le passé composé (3)

Pour les verbes pronominaux, on utilise l'auxiliaire *être*.
Je (ne) **me suis** (pas) réveillé(e)
Tu t'es réveillé(e)
Il s'est réveillé
Elle s'est réveillée
On s'est réveillé.
Nous nous sommes réveillé(e)s
Vous vous êtes réveillé(e)(s)
Ils se sont réveillés
Elles se sont réveillées

3 Jonathan, un collègue de Claire Buisson, prend le bus pour aller au travail.

À l'aide du texte et des dessins ci-dessous racontez l'histoire de Jonathan au passé.
Jonathan s'est couché à 4 heures du matin. Il…

Jonathan se couche à… Il se lève à… Il se dépêche pour… Dans la rue, il rencontre… Ils discutent… Jonathan rate son bus… Le bus suivant arrive… Il s'arrête… Jonathan monte dans… Le bus repart… Jonathan s'endort… Il se réveille… Il descend du… Il court pour… Il tombe… Il se blesse au… Il prend un… Il rentre chez… Il téléphone… Il se couche…

4 **Aujourd'hui, Claire Buisson a pris sa voiture. Elle se rend à un rendez-vous avec un client, Paul Sauvage.**

6.4 **a.** Claire téléphone à Paul Sauvage. Écoutez. Cochez les phrases que vous entendez. Quel est le problème ?

- ☐ Je me suis trompée de route.
- ☐ Je vais arriver en retard.
- ☐ Vous pensez arriver vers quelle heure ?
- ☐ Dans une heure environ.
- ☐ Vers 16 heures, alors ?
- ☐ C'est ça, désolée.
- ☐ Ce n'est pas grave, à tout de suite.

b. Avec votre voisin(e), préparez et jouez une conversation semblable.

5 **Paul Sauvage est dans son bureau. Il envoie le message suivant à une collègue.**

> Bonjour, Julie,
> Il y a des changements concernant le projet Cerise et je voudrais connaître votre avis. Peut-on se voir ce soir à 17 heures dans mon bureau ? Simon va venir aussi.
> Paul

1. Pourquoi est-ce que Paul Sauvage veut rencontrer Julie ? À quelle heure ? À quel endroit ?
2. Combien de personnes vont assister à la réunion ?

6 **Paul Sauvage reçoit la réponse de Julie.**

> Désolée, je ne suis pas disponible à 17 heures. Je dois voir monsieur Merle et je ne peux pas annuler ce rendez-vous. Je vous propose de reporter la réunion à demain matin, à 9 heures. C'est possible ?
> Julie

1. Quel est le problème ?
2. Qu'est-ce que Julie propose ?

7 **À vous !**

a. Par mail, proposez à votre professeur de le rencontrer. Expliquez pourquoi. Proposez une date, une heure, un lieu.

b. Maintenant, imaginez que vous êtes le professeur. Répondez par mail à votre étudiant(e). Vous ne pouvez pas aller au rendez-vous. Expliquez pourquoi. Faites une proposition.

DÉPLACER UN RENDEZ-VOUS

• J'explique le problème
Je vous appelle au sujet de mon rendez-vous du 3 mars avec …
J'ai un empêchement à cette date-là.
Je suis pris(e) / absent(e) / occupé(e) / en déplacement.
Je ne suis pas disponible ce jour-là.
J'ai une réunion à cette heure-là.

• Je fais une proposition
Pouvons-nous nous voir demain ?
Peut-on se voir après-demain ?
Je souhaiterais / J'aimerais déplacer / reporter / avancer le rendez-vous à mardi.

Phonétique

[œ]-[ɔ] : BEURRE-BORD
[ø]-[o] : CHEVEUX-CHEVAUX
Écoutez. Répétez.

1. [ø]-[ø] : Il veut un peu
2. [œ]-[œ] : Un jeune acteur
3. [ø]-[œ] : Il est deux heures.

4. [o]-[o] : Allô, c'est Marco.
5. [ɔ]-[ɔ] : Le téléphone sonne.
6. [o]-[o]-[ɔ] Marco au téléphone.

7. [œ]-[ɔ] : L'heure sonne.
8. [ɔ]-[œ] : L'homme a peur
9. [ɔ]-[œ]-[ɔ]-[œ] : Votre sœur sort seule.

3 Problèmes informatiques

1 **Max travaille chez lui. Quand il a un problème d'ordinateur, il téléphone à son amie Lise.**

6.5 **a.** Écoutez et/ou lisez. Puis répondez aux questions suivantes.

Max : Allô, Lise ?
Lise : Oui, c'est moi.
Max : C'est Max. Je te dérange ?
Lise : Non, pas du tout.
Max : J'ai de nouveau un problème avec mon ordinateur. L'écran ne fonctionne plus.
Lise : Est-ce que l'ordinateur est allumé ?
Max : Oui, mais l'écran est tout noir.
Lise : Si tu bouges la souris, qu'est-ce que tu vois ?
Max : Je ne vois rien, l'écran est encore noir.
Lise : Et si tu appuies sur la touche F8 du clavier ?
Max : F8 ? Attends... Oh ! Ça marche, c'est formidable, merci.

1. Quel est le problème de Max ?
2. Est-ce que Max a déjà eu un problème d'ordinateur avant ?
3. Est-ce que l'ordinateur est éteint ?
4. Est-ce que la souris fonctionne ?
5. Qu'est-ce qui se passe quand Max appuie sur la touche F8 ?

b. À deux, lisez le dialogue. Puis consultez le dossier 6 page 123.

2 **Encore des problèmes...**

a. Complétez avec *ne (n')... plus* ou *ne (n')... pas encore.*

1. Il y a un problème, le clavier ______ répond ______.
2. Je ne connais pas ce programme, je ______ l'ai ______ utilisé.
3. Ils ______ ont ______ trouvé de protection contre ce virus.
4. C'est bizarre, le dossier Cerise ______ apparaît ______ sur le bureau.
5. Qu'est-ce que je vais faire ? Je ______ me rappelle ______ le mot de passe.

Ne ... Plus / Pas encore

– *Vous travaillez **encore / toujours** ici ?*
– *Non, je **ne** travaille **plus** ici.*
– *Vous avez **déjà** trouvé un travail ?*
– *Non, **pas encore**.*

→ ***Précis grammatical*, p. 137**

La condition / L'hypothèse

• **Si (ou quand) + présent**
***Si** tu as un problème, tu peux appeler Lise.*
***Quand** il appuie sur la touche F8, ça marche.*

b. Qu'est-ce que vous faites quand vous avez un problème d'ordinateur ? Cochez votre réponse. Justifiez votre choix.

☐ J'appelle Lise, la copine de Max.
☐ J'éteins l'ordinateur et je vais dormir.
☐ J'appuie sur la touche F8
☐ Ça dépend du problème.

3 Ça dépend du problème.

Trouvez une solution à chaque problème. Faites des phrases.
Quand la batterie est déchargée, je...

Problèmes
1. La batterie est déchargée. 2. L'écran du moniteur est sale. 3. Mon imprimante ne fonctionne plus. 4. Un virus a détruit tous les programmes. 5. Je ne peux plus me connecter à Internet.

Solutions
a. Je le nettoie avec un chiffon propre. b. Je la recharge. c. Je formate le disque dur. d. J'appelle la hot line de mon fournisseur d'accès *(provider)*. e. Je l'apporte au service après-vente.

4 Courrier électronique.

a. Lisez ce mail et dites si les affirmations suivantes sont vraies ou fausses.

Retirer msg Nouveau msg Répondre Transférer Classer Suivant Imprimer Sécurité Supprimer Arrêter

De : Max Poulain
A : Lise Lombard
Objet : Au secours !

Ma chère Lise,
J'ai de nouveau besoin de ton aide. Mon imprimante ne répond plus. Quand je veux imprimer, je reçois ce message sur l'écran : « Les cartouches d'encre sont vides ». Ce n'est pas possible, il y a encore de l'encre, je suis sûr, j'ai mis des cartouches neuves hier. C'est très embêtant. Je dois imprimer un rapport de 80 pages pour demain. Merci par avance pour ton aide.
Amitiés,
Max

Vrai ou faux ?
1. Max ne peut plus imprimer.
2. Il n'y a plus d'encre dans l'imprimante.
3. Max a un besoin urgent de son imprimante.

b. Le message de Max contient environ 70 mots. Supprimez les détails et récrivez ce message en 25 mots environ.
Ma chère lise,

c. Vous avez un problème informatique. Écrivez un mail à Lise.
– Demandez de l'aide.
– Expliquez le problème en détail.
– Dites pourquoi c'est un réel problème. Écrivez un message de 70 mots environ.

Phonétique

1. [t]-[d] : TOUT-DOUX
Écoutez. Répétez.
1. tes / des – tu / du – tout / doux
2. c'est utile – c'est idéal – c'est à toi
3. Demain, tu dois étudier.
4. Faites vite, il y a du monde.
5. L'ordinateur est éteint, désolé.

2. [k]-[g] : L'ÉCRAN-LES GRANDS
Écoutez. Répétez.
1. car / gare – quai / gai – camp / gant
2. les coûts / les goûts
3. l'écran / les grands
4. Qu'est-ce que tu regardes ?
5. Gardez votre calme !

4 Bricolage

1 Gilles et Roger sont chargés des petites réparations dans une entreprise.

6.6 **a.** Lisez et/ou écoutez les dialogues ci-dessous. Quels sont les problèmes ?

Gilles : Il n'y a plus de lumière au plafond.

Roger : Oui, je sais, l'ampoule est grillée

Gilles : Tu peux la changer ?

Roger : Pourquoi moi ? L'escabeau est cassé. Change-la, toi !

Gilles : Prends une chaise. Mets-la sur la table. Prends ce dictionnaire. Mets-le sur la chaise. Monte sur le dictionnaire. Ne t'énerve pas, calme-toi, fais attention, tu vas tomber.

b. Lisez la déclaration de Gilles.

Gilles : « Voilà l'ampoule. Tu **prends** l'ampoule, tu **mets** l'ampoule dans la douille, tu **visses** l'ampoule. Qu'est-ce qui est coupé ? Le fil électrique ? Tu ne **touches** pas le fil, c'est dangereux. Bon, tu **écoutes**, tu **laisses** tomber, tu **descends**. Tu ne **fais** pas l'idiot, s'il te plaît, tu **te concentres** une minute. Tes pieds, tu **regardes** tes pieds, tu ne **poses** pas tes pieds ici, tu **poses** tes pieds là. Tu **restes** calme. Ma main, tu **prends** ma main, tu **serres** ma main. Mais... qu'est-ce que tu fais ? Aïe ! Tu t'es fait mal ? »

Mettez les verbes **en rouge** à l'impératif. Utilisez des pronoms avec les verbes **soulignés**.

Voilà l'ampoule. Prends-la...

6.7 **c.** Écoutez et vérifiez vos réponses.

L'impératif (2)

1. Place du pronom

• Dans la phrase affirmative, on met le pronom après le verbe.

Fais attention au vase !
Pose-le sur la table !

• Dans la phrase négative, on laisse le pronom avant le verbe.

Ne le casse pas !

2. Verbes pronominaux

• Avec « tu »

*Détends-**toi** ! Ne **te** décourage pas !*

• Avec « nous »

*Détendons-**nous** !*
*Ne **nous** décourageons pas !*

• Avec « vous »

*Détendez-**vous** !*
*Ne **vous** découragez pas !*

2 Vous allez entendre trois conversations entre Gilles et Roger.

6.8 **a.** Écoutez. Cochez les mots que vous entendez.

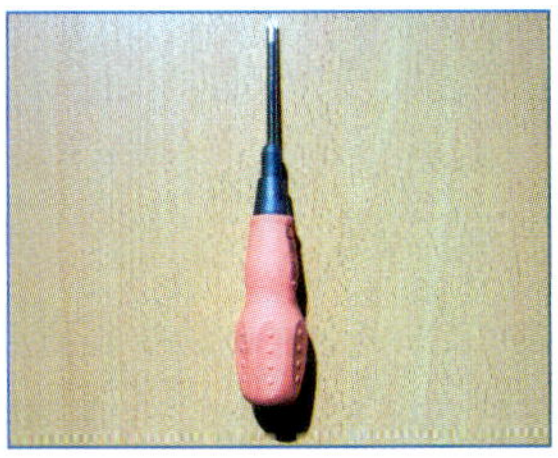

☐ un tournevis

☐ une clé

☐ un robinet

☐ un chiffon

☐ une fenêtre

☐ un marteau

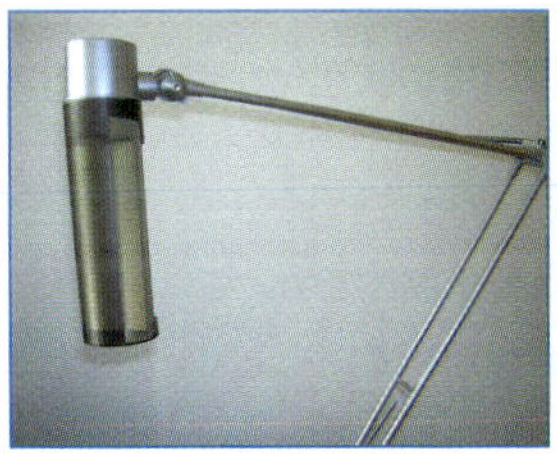

☐ une lampe

☐ un tiroir

b. Quel est le problème ? Complétez avec des mots ci-dessus.

1. Le ______ fuit.
2. Roger ne peut pas fermer la ______.
3. Roger ne peut pas ouvrir le ______.

6.8 **c.** Les phrases suivantes sont extraites des trois dialogues. Écoutez de nouveau. Remplacez les pronoms par des noms.

1. Prends-**le**, s'il te plaît !
   Prends le chiffon, s'il te plaît !
2. Je n'arrive pas à **l'**ouvrir.
3. Tire-**le** très fort.
4. Je **la** répare.
5. Oui, tiens-**la**, s'il te plaît !
6. Passe-**le**, dépêche-toi !
7. Je viens de **l'**ouvrir.
8. Je peux **la** fermer ?
9. Pousse-**la** très fort !

3 Roger a chaud.

a. Allez page 155 au 6.8. et lisez à deux la conversation n° 3 entre Roger et Gilles. Changez les mots en rouge.
Commencez la conversation ainsi :
*Je peux **ouvrir** la fenêtre ?*

b. Jouez ce dialogue à deux, sans lire.

4 Roger est enfermé dans une pièce. La porte est fermée à clé.

La clé est dans la serrure. Par terre, il y a une feuille de papier et un tournevis.

Expliquez à Roger comment il peut sortir. Expliquez-lui en détail.
Roger, prends la feuille…

Phonétique

Le « e » muet tonique
Écoutez. Répétez.

1. Pose-le sur la table. Pose-le.
2. Pousse-le très fort. Pousse-le.
3. Prends-le avec toi. Prends-le.

5 Qu'est-ce que vous suggérez ?

1 Identifier le problème.

a. Associez les phrases.

1. Je n'arrive pas à me concentrer. → *c*
2. Je ne peux pas porter cette valise. → …
3. Ne vous promenez pas ici la nuit. → …
4. Ce journal n'est pas intéressant. → …

a. Le quartier n'est pas assez sûr.
b. Il ne donne pas assez d'informations.
c. Il y a trop de bruit.
d. Elle est trop lourde.

b. Récrivez la deuxième partie de la phrase en utilisant les mots suivants :
trop / trop de / pas assez / pas assez de.

1. Ne sors pas, il est tard.
   …, ***il est trop tard***.
2. Je reste au bureau, j'ai du travail.
3. Il a raté ses examens, il a travaillé.
4. Elle tousse, elle fume.
5. Le magasin va fermer, il y a des clients.
6. Calme-toi, tu es nerveux.

Trop/Pas assez

- ***trop / pas assez* + adjectif / adverbe**
  *La salle 3 est **trop** petite.*
  *Elle **n'**est **pas assez** grande.*
  *Cette réunion a duré **trop** longtemps.*
- ***trop de / pas assez de* + nom**
  *J'ai **trop de** travail.*
  *Je **n'**ai **pas assez de** temps.*
- **verbe + *trop / pas assez***
  *Il dort **trop**.*
  *Il **ne** travaille **pas assez**.*
  *Il a **trop** mangé.*
  *Il **n'**a **pas assez** bougé.*

→ ***Précis grammatical*, p. 133**

2 Faire des suggestions.

a. Associez.

1. Je ne me sens pas bien. → …
2. Je vais monter sur le toit. → …
3. Je ne comprends pas ces chiffres. → …

a. Tu devrais demander au comptable.
b. Vous devriez voir un médecin.
c. Tu ne devrais pas faire ça, c'est dangereux.

b. Transformez avec le verbe *devoir* au conditionnel.

1. Prenez des vacances.
   Vous ***devriez prendre des vacances.***
2. Mets un vêtement chaud !
   Tu
4. Réfléchissons un peu !
   On
3. Sois prudent !
5. Détendez-vous !
6. N'ayez pas peur !
7. Dites-lui la vérité !
8. Faites-nous confiance !

« Devoir » au conditionnel

Je dev**rais**	Nous dev**rions**
Tu dev**rais**	Vous dev**riez**
Il/Elle dev**rait**	Ils/Elles dev**raient**

*Tu **devrais** faire attention.*
*Tu ne **devrais** pas conduire si vite.*
*Tu **devrais** lui expliquer le problème.*

→ ***Précis grammatical*, p. 135**

3 Nicolas Gaillard a des problèmes.

a. Associez le problème et le dessin.

1. Ce mot de passe est trop long, il n'arrive pas à le retenir. → ***c***
2. Il y a une erreur dans l'addition.
3. Il a trop de travail, il est toujours stressé.
4. Il n'a pas assez d'argent, son compte en banque est encore dans le rouge.
5. Il mange trop, il a pris 6 kg en six mois.
6. Il a mal à la gorge et à la tête, il tousse, il a froid, il a de la fièvre.

a

b

c

d

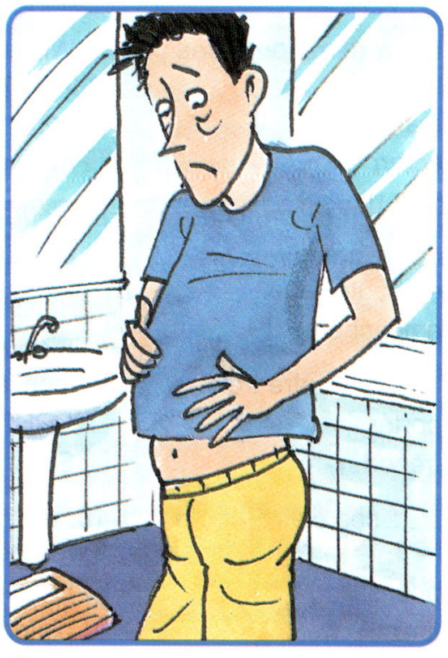

e

f

b. Pour chaque cas, suggérez des solutions. Faites plusieurs suggestions. Utilisez le verbe *devoir* au conditionnel.

1. Le mot de passe est trop long, il n'arrive pas à le retenir. Il devrait…

4 Nicolas est au bureau. Il parle à une collègue de travail.

6.9 Écoutez-le dans trois différentes situations. Pour chaque situation, expliquez le problème et suggérez des solutions.

Phonétique

[ʀ]-[l] : ROND-LONG

Écoutez. Répétez.

1. rond / long – riz / lit
2. mur / mule – voir / voile
3. Quel est votre problème ?
4. C'est trop lourd.
5. Trouvez une solution.
6. Il devrait réfléchir.

C. Écouter

1 Cochez les phrases que vous entendez.

6.10

1. ☐ Il a tout bu.	☐ Il a tout vu.
2. ☐ Il sent bon.	☐ Ils s'en vont.
3. ☐ Ce sont des problèmes.	☐ Ce sont tes problèmes.
4. ☐ Elle travaille à Gand.	☐ Elle travaille à Caen.
5. ☐ C'est un faux	☐ C'est un feu.
6. ☐ Attention au bord !	☐ Attention au beurre !
7. ☐ Elle court très vite.	☐ Elle coule très vite.
8. ☐ Il a un visage rond.	☐ Il a un visage long.

2 Pas de chance ! Nicolas Gaillard rencontre des problèmes partout où il va.

6.11

Lisez les affirmations sous les dessins. Il y a trois affirmations pour chaque situation. Une seule affirmation est correcte. Écoutez des extraits de ces dialogues. Choisissez l'affirmation correcte.

1. Chez le médecin

☐ Nicolas a mal à la gorge.
☐ Il a de la fièvre.
☐ Il ne peut pas rester assis.

2. Dans une agence de voyage

☐ Le vol de mardi est complet.
☐ Les pilotes font grève.
☐ Il y a seulement un vol par semaine.

3. À la banque

☐ Nicolas n'habite pas à Paris.
☐ Il doit prendre rendez-vous.
☐ Il n'a pas de passeport.

4. Au restaurant

☐ Il y a un problème technique.
☐ La carte bancaire de Nicolas a expiré.
☐ Le restaurant n'accepte pas les espèces.

D. Lire

1 **Florence Imbert travaille dans l'entreprise Bricolex. Elle vient de recevoir le mail ci-dessous.** Lisez ce mail et répondez aux questions suivantes.

Retirer msg Nouveau msg Répondre Transférer Classer Suivant Imprimer Sécurité Supprimer Arrêter

De : Pierre Melin
A : Florence Imbert
Objet : commande 4211 Date : mardi 10/03/2012 9:50

Madame,
J'ai bien reçu votre facture n° 117 se rapportant à ma commande 4211 du 26 février. Cette facture contient une erreur. En effet, j'ai commandé un lot de 5 tournevis référencés CL9 au prix de 31,70 euros et vous avez facturé un lot de 9 tournevis pour un montant de 52,30 euros. Pouvez-vous m'envoyer une facture rectificative ?
Merci par avance.
Meilleures salutations.
Pierre Melin

1. Qui est Pierre Melin ? Un fournisseur ou un client de Bricolex ?
2. À votre avis, quels types de produits vend Bricolex ?
3. Quel est le problème ?
4. Qu'est-ce que Pierre Melin demande dans ce mail ?
5. Quelles sont les références de la commande ?

E. Écrire

2 **Vous recevez la facture ci-dessous. Il y a une erreur.** Trouvez cette erreur et, sur le modèle du mail ci-dessus, écrivez un mail de réclamation à Florence Imbert.

BRICOLEX

Facture n° 145

Votre commande n° 4335 du 25 avril

Réf.	Désignation	Prix unitaire	Quantité	Prix total HT
CL6	Lot de 6 clés	21,20	1	21,20
MR3	Marteau menuisier	15,90	1	31,80
			Total HT	53,00
			TVA 19 %	10,07
			Total TTC	**63,07**

Pour toute réclamation :
contacter Florence Imbert
f.imbert@bricolex.com ou **02 45 66 29 12**

F. Parler

3 **Jouez à deux au téléphone.**

- **A** : Vous recevez la facture n° 145. Vous téléphonez à Bricolex pour expliquer le problème et pour demander une autre facture.
- **B** : Vous êtes Florence Imbert. Vous répondez à A. Commencez ainsi :

Société Bricolex, bonjour. Florence Imbert à l'appareil.

Entre cultures

Problèmes économiques et sociaux

1 Les articles suivants sont extraits d'un journal économique. Ils concernent la France.

a. Lisez-les.

ENTREPRISES

PHT licencie et délocalise en Chine

La société PHT a annoncé la fermeture prochaine de son usine de Beauvais et le licenciement de ses 540 salariés. PHT va ouvrir une usine en Chine. « *Nous n'avons pas le choix*, a précisé Bertrand de Marvillle, le P-DG de PHT, *le coût du travail est trop élevé en France.* » Les syndicats appellent à une manifestation contre cette décision le samedi 7 octobre.

TRANSPORTS

Grève à la SNCF

La circulation des trains est très perturbée aujourd'hui. Tous les syndicats de la SNCF appellent à une grève. Ils demandent l'ouverture d'une « véritable négociation » sur les salaires. La direction de la SNCF prévoit un TGV sur trois. Si vous prenez le train aujourd'hui, vous aurez donc besoin de patience. La grève doit prendre fin demain matin à 8 heures.

EMPLOI

Le chômage continue à augmenter

Le chômage a atteint 9,5 % de la population active cette année, en augmentation de 0,4 % par rapport à l'année précédente. Les jeunes et les seniors sont particulièrement touchés. « *Il est de plus en plus difficile de trouver un travail avant 25 ans et après 50 ans* », résume Bernard Dubois, le directeur de l'Institut des études économiques.

FISCALITÉ

À Saint-Théoffrey, les impôts augmentent de 700 %

Les habitants de Saint-Théoffrey sont en colère. Dans ce petit village de 350 habitants, situé à 30 kilomètres au sud de Grenoble, les impôts locaux ont augmenté de 700 %. « *Il y a eu des erreurs de gestion* », reconnaît le maire. Les administrés ont constitué un collectif de protestation. « *Nous ne voulons pas payer pour ces erreurs de gestion* », déclare Nicole Gira, la présidente du collectif.

b. Ces articles abordent quatre problèmes de la liste suivante. Quels sont ces quatre problèmes ?

- ☐ Les impôts augmentent.
- ☐ La population vieillit.
- ☐ Beaucoup de jeunes ne trouvent pas de travail.
- ☐ L'inflation est élevée.
- ☐ Il y a des grèves dans les transports publics.
- ☐ Les entreprises préfèrent produire à l'étranger.
- ☐ Les salaires sont trop bas.

2 À vous !

Quels sont les principaux problèmes économiques et sociaux de votre pays ?

7 tranches de vie

1 Petits boulots

1 Quand ils étaient étudiants, Audrey Diaz et Émile Poulain avaient chacun un petit boulot.

7.1 **a.** Écoutez et / ou lisez leur témoignage.

Audrey Diaz, 32 ans, est directrice artistique dans une agence de communication.

Audrey Diaz : « Quand j'étais étudiante, je travaillais chaque soir dans un petit restaurant. Mes parents n'étaient pas très riches et je devais financer mes études. J'étais serveuse. Nous étions deux serveurs : Jean-Luc et moi. Jean-Luc avait environ 50 ans. C'était un serveur professionnel. Il connaissait le nom et les goûts de chaque client. Il disait : "Chaque client est différent et il faut s'adapter à chacun." Nous gagnions un fixe et des pourboires. En général, les clients étaient plutôt généreux, mais pas tous. Je me souviens d'un client bizarre. C'était un chanteur très connu, il habitait en face du restaurant et il venait souvent. Il ne souriait jamais, il ne disait jamais "merci", il ne laissait jamais de pourboire, même pas à Jean-Luc. »

Émile Poulain, 39 ans, dirige une agence bancaire.

Émile Poulain : « Quand j'étais étudiant, je travaillais chaque été dans une banque. J'étais au guichet. L'agence était située dans une rue bruyante. C'était mal insonorisé, on travaillait toute la journée dans le bruit. Certains clients n'étaient pas faciles. Quand ils n'étaient pas contents, ils devenaient agressifs et ils m'insultaient. Le directeur de l'agence s'appelait monsieur Legrand. En fait, il était maigre et tout petit. Il arrivait toujours le premier au bureau et repartait toujours le dernier. C'était un homme autoritaire et coléreux, il se fâchait pour un rien et tout le monde avait peur de lui. Chacun travaillait dans son coin, sans rien dire. Bref, l'ambiance n'était pas très bonne. Aujourd'hui, c'est moi le patron et c'est beaucoup plus facile. »

b. À quel souvenir correspond chacun des dessins suivants ? Écrivez la phrase ou l'extrait de phrase correspondant.

Il ne souriait jamais.

2 **Albert Neuville est avocat. Quand il était étudiant, il travaillait comme guide.**

a. Mettez son témoignage au passé, avec les verbes **en rouge** à l'imparfait.

Albert Neuville : « Pendant l'été, je **travaille** comme guide au Jardin botanique de Montréal. Je **promène** les visiteurs dans le petit train. On **fait** le tour du jardin. Le voyage **dure** environ 10 minutes. Je m'**installe** à l'arrière avec un micro et je **dis** : "*Bonjour*, good morning, *bienvenue à bord de l'Ouragan !*" Nous **sommes** trois jeunes guides et on **rigole** beaucoup ».

7.2 **b.** Écoutez et vérifiez vos réponses.

3 **Laurette Touchard est à la tête d'une chaîne de restaurants. Quand elle avait 9 ans, elle travaillait déjà.**

7.3 **a.** Écoutez son témoignage et complétez les mentions manquantes.

Laurette Touchard : « À l'âge de neuf ans, j'a_______ mes parents dans leur magasin. Nous v_______ des produits électroménagers. Je f_______ un peu de tout, mais j'a_______ surtout servir les clients. J'a_______ beaucoup de succès avec les vieilles dames. Quand une vieille dame a_______, mon père d_______ : « *Cette cliente, elle est pour Laurette !* »

b. Vrai ou faux ?

1. Les parents de Laurette étaient commerçants.
2. Ils tenaient un magasin d'informatique.
3. Laurette avait des tâches diverses.
4. Elle détestait travailler dans ce magasin.
5. Son père l'obligeait à servir les personnes âgées.
6. Les vieilles dames aimaient bien Laurette.

4 **Complétez avec *chaque*, *chacun*, *chacune*.**

1. Nous étions 10 employés. À Noël, _______ recevait une prime.
2. _______ étudiant devait faire un stage.
3. Voici les photos. _______ coûte 1 euro.

5 **À vous !**

Avez-vous eu un petit boulot ? C'était où ? Vous aviez quel âge ? Qu'est-ce que vous faisiez ? Comment étaient vos collègues de travail ? Est-ce que vous aimiez bien ce travail ? Racontez.

L'imparfait

• **Pour former l'imparfait**, prenez le radical de la deuxième personne du pluriel au présent : *nous* ***viv****-ons.*
Ajoutez les terminaisons :
-ais, -ais, -ait, -ions, -iez, -aient.

*Je viv**ais***	*Nous viv**ions***
*Tu viv**ais***	*Vous viv**iez***
*Il / Elle viv**ait***	*Ils / Elles viv**aient***

⚠ Une exception : le verbe **être**
J'étais, tu étais, il était, nous étions...

• Un verbe à l'imparfait ***décrit*** une situation ou une habitude dans le passé.

→ ***Précis grammatical*, p. 134**
***Tableaux des conjugaisons*, p. 144**

Chaque / chacun

• **chaque** est un adjectif. Il est toujours suivi d'un nom.
***Chaque** client est différent.*

• **chacun / chacune** est un pronom. Il est toujours singulier.
***Chacun** travaillait dans son coin.*

→ ***Précis grammatical*, p. 133**

Phonétique

Liaisons facultatives

a. Paul et Sarah prononcent les phrases ci-dessous. Écoutez. Notez les différences de prononciation entre la phrase de Paul et la phrase de Sarah.

b. Répétez chaque phrase deux fois avec une prononciation différente.

1. Quand il se mettait en colère, il devenait agressif.
2. Quand j'étais à l'université, j'ai fait deux ou trois petits boulots.

2 Faits divers

1 **L'article suivant est extrait d'un journal marocain, *La Gazette du Nord*.**
a. Lisez-le et répondez aux questions.

RABAT

Un homme en colère jette son ordinateur par la fenêtre

Bernard Lévêque, un jeune Français de 27 ans, travaille au Maroc pour une ONG (organisation non gouvernementale). Il s'occupe de logistique. Jeudi soir, ce jeune homme a jeté son ordinateur par la fenêtre de son bureau. L'événement a eu lieu à Rabat, dans la rue des Consuls. Le bureau était situé au sixième étage d'un immeuble.

« Jeudi, vers 6 heures du soir, raconte Bernard Lévêque, *j'étais seul au bureau. J'avais une longue journée de travail derrière moi. J'étais très fatigué. Je voulais terminer un travail important. Mais mon ordinateur est tombé en panne. J'étais furieux. J'ai essayé de le réparer. Impossible. C'était un vieil ordinateur. Alors, j'ai piqué une colère. Je*

me suis levé, j'ai ouvert la fenêtre, j'ai pris l'ordinateur et je l'ai jeté dans la rue. Heureusement personne ne passait sous la fenêtre à ce moment-là. J'ai vraiment eu de la chance. »

1. Où et quand est-ce que l'accident est arrivé ?
2. Combien de personnes se trouvaient dans le bureau au moment de l'accident ?
3. Pourquoi est-ce que monsieur Lévêque était fatigué ?
4. Qu'est-ce qu'il voulait faire ?
5. Pourquoi est-ce que monsieur Lévêque s'est mis en colère ?
6. Qu'est-ce qu'il a fait ?
7. Pourquoi est-ce qu'il a eu de la chance ?

7.4 **b.** Un journalise raconte cette histoire à la radio. Il commet des erreurs. Écoutez et trouvez les erreurs.

Passé composé et imparfait

• **Vous utilisez l'imparfait** pour décrire le cadre de l'action, la situation.
*Le bureau **était situé** au sixième étage.*
*J'**étais** seul au bureau.*
*J'**étais** très fatigué.*

• **Vous utilisez le passé composé** pour rapporter un événement, une scène d'action.
*L'ordinateur **est tombé** en panne.*
*Je l'**ai jeté** par la fenêtre.*

→ ***Précis grammatical*, p. 134**
Faites l'exercice B, p. 134

2 Passé composé ou imparfait ?

a. Dans chaque phrase, mettez un verbe à l'imparfait et un verbe au passé composé.

1. Nous (*être*) ______ dans le magasin quand nous (*entendre*) ______ une explosion.
2. Je (*se promener*) ______ dans la rue quand l'accident (*avoir lieu*) ______.
3. Le feu (*être*) ______ rouge, mais la voiture (*ne pas s'arrêter*) ______.
4. Avant, je (*travailler*) ______ chez Fimex. Un jour, je (*perdre*) ______ mon emploi.
5. Elle (*démissionner*) ______ parce qu'elle (*ne pas s'entendre*) ______ avec son patron.

b. Faites cinq phrases. Dans chaque phrase, imaginez un événement et une situation.

3 Comment payer ses dettes.

Les cinq paragraphes de l'histoire suivante sont dans le désordre. Mettez-les dans l'ordre.

□ En juin 2008, Karyn a créé un site Internet : « SaveKaryn.com ». Sur ce site, elle demandait de l'argent aux internautes. En échange, elle ne donnait rien.

□ Karyn avait un problème : elle ne pouvait pas rembourser cette somme. Alors, comment faire ? Un jour, Karyn a eu une idée. C'était une idée très simple : elle devait convaincre 20 000 personnes de lui envoyer chacune un dollar.

□ Karyn, une jeune Américaine, aimait les beaux vêtements. Elle dépensait chaque jour beaucoup d'argent avec sa carte de crédit. Résultat : elle avait beaucoup de dettes. Elle devait 20 000 dollars.

□ Ensuite, Karyn a raconté cette histoire dans un livre et elle a vendu des milliers de livres dans le monde entier.

□ Le site a connu un succès rapide. Des milliers d'internautes ont envoyé de l'argent à la jeune femme. Trois mois plus tard, Karyn pouvait rembourser toutes ses dettes.

4 Racontez à deux.

- **A** : Consultez le dossier 5 page 123.
- **B** : Consultez le dossier 5 page 127.

Phonétique

7.5

[e]-[ɛ] : J'AI PENSÉ-JE PENSAIS

a. Écoutez. Numérotez les mots dans l'ordre où vous les entendez.
b. Répétez tous les mots.

1. □ Je donne.
   □ J'ai donné
   □ Je donnais
2. □ Je dépense
   □ J'ai dépensé
   □ Je dépensais
3. □ Il se repose
   □ Il s'est reposé
   □ Il se reposait.
4. □ Tu te dépêches
   □ Tu t'es dépêché
   □ Tu te dépêchais

3 Une belle carrière

1 **Éric Billard a fait toute sa carrière dans une entreprise industrielle, qui s'appelle Fimex. À la fin de sa carrière, il était directeur d'usine.**

7.6 **a.** Écoutez et / ou lisez.

Bonjour, je m'appelle Éric Billard et j'ai 65 ans. Pendant 40 ans, j'ai travaillé chez Fimex, une entreprise qui fabrique du matériel électrique. J'ai pris ma retraite il y a deux ans. Maintenant je vis à Saint-Malo, la ville où je suis né.

Je suis entré chez Fimex tout de suite après mes études. J'avais 23 ans. À la fin de mon entretien d'embauche, le recruteur m'a dit : « Vous êtes exactement la personne que nous recherchons. » Il y avait 70 candidats. C'est moi qui ai obtenu le poste.

Au bout de six mois, je suis parti au Mexique pour cinq jours. C'était mon premier voyage d'affaires. Je suis revenu avec un contrat de 8 millions de dollars dans la poche. Le Mexique est un pays que j'ai adoré et où j'ai gardé beaucoup d'amis.

Madame Dumont était la responsable du service Recherche et Développement. J'ai travaillé avec elle pendant quelques années. Nous ne nous entendions pas très bien. C'est moi qui avais les idées, mais c'est elle qui décidait. Un jour, elle est partie et j'ai pris sa place.

À Montreuil, une ville située près de Paris, nous avions une usine qui ne produisait pas assez et où il y avait beaucoup de grèves. C'était une usine que la direction voulait fermer. Un jour, le président m'a dit : « Monsieur Billard, vous êtes la dernière chance de Montreuil. »

J'ai pris la direction de l'usine. J'ai réussi à doubler la production en trois ans. Sous ma direction, il n'y a jamais eu de grève. Mon adjoint, Nicolas Perrin, avait une grande admiration pour moi. Depuis mon départ, c'est lui qui dirige l'usine.

b. Vrai ou faux ?
1. Éric Billard est en retraite pour deux ans.
2. Il est entré chez Fimex il y a 42 ans.
3. Il a travaillé dans le service R & D pendant six mois.
4. Il a pu doubler la production de l'usine de Montreuil en moins de cinq ans.
5. M. Perrin dirige l'usine de Montreuil depuis deux ans.

c. Complétez les phrases suivantes. Faites comme dans l'exemple. Mettez en relief en utilisant un pronom relatif : ***où***, ***qui*** ou ***que***.

1. Fimex, c'est une entreprise ***qui fabrique du matériel électrique***.
2. Saint-Malo, c'est ____________
3. Le Mexique, c'est ____________
4. Madame Dumont, c'est ____________
5. Montreuil, c'est ____________
6. L'usine de Montreuil, c'est ____________
7. Monsieur Perrin, c'est ____________
8. Éric Billard, c'est ____________

2 M. Perrin, nouveau directeur d'usine.

a. Complétez avec les mots suivants : *il y a / depuis / pendant / pour / qui.*

1. M. Perrin, ________ travaille chez Fimex ________ dix ans, a pris la direction de l'usine ________ les trois prochaines années.
2. M. Perrin connaît bien Éric Billard : il l'a rencontré ________ sept ans et il a été son adjoint ________ quatre ans. »

7.7 **b.** Maintenant, écoutez monsieur Perrin. Il y a deux erreurs dans les phrases de l'exercice **2a**. Corrigez ces erreurs.

7.8 **c.** Écoutez la suite. Qu'est-ce que monsieur Perrin pense d'Éric Billard ? Êtes-vous d'accord ? Pourquoi ?

3 À vous !

Racontez par écrit six événements de votre vie familiale ou professionnelle.

Les indicateurs de temps

- **Durée de l'action :**
*J'ai travaillé à Paris **pendant** un an.*
- **Durée prévue :**
*Je suis parti **pour** un an.*
- **Durée nécessaire :**
*J'ai fait ce travail **en** trois jours.*
- **L'action continue :**
*Je travaille **depuis** trois mois.*
*Je travaille **depuis** le 1er février.*
- **L'action est terminée :**
*J'ai travaillé à Paris **il y a** deux ans.*

→ ***Précis grammatical*, p. 140**
Faites les exercices A, B et C, p. 140

Les pronoms relatifs

- **qui = sujet**
*La personne **qui** vous cherche est ici.*
- **que (ou qu') = complément d'objet**
*La personne **que** vous cherchez est ici.*
- **où = complément de lieu**
*Il habite dans la ville **où** il est né.*

⚠ **La mise en relief**
***C'est** moi **qui** ai gagné.*
***C'est** la personne **qu'**on recherche.*
***C'est** la ville **où** il est né.*

→ ***Précis grammatical*, p. 143**
Faites les exercices A et B, p. 143

Phonétique

La mise en relief
Écoutez. Répétez. Accentuez le pronom tonique. Marquez l'intonation.

1. C'est moi qui ai fait ça.
2. C'est toi qui as raison.
3. C'est lui qui a gagné.
4. C'est elle que j'aime.
5. C'est nous que ça regarde.
6. C'est vous que je cherchais.
7. C'est eux qui sont responsables.
8. C'est elles qui ont commencé.

4 Moments de stress

1 Travaillez-vous dans le stress ?

7.9 **a.** Écoutez et / ou lisez les témoignages suivants. Regardez les photos et dites qui parle.

Du stress ? Oui, bien sûr, il y en a, comme partout. J'ai neuf ouvriers sous ma direction, ce n'est pas facile à gérer. Aujourd'hui, par exemple, j'en ai un qui est tombé d'une échelle et qui s'est cassé le poignet. Des problèmes de ce genre, j'en ai dix par jour. Le stress au travail, je crois que c'est normal, ça ne m'empêche pas de dormir.

Hier matin, j'étais au petit déjeuner, dans la salle du restaurant. Il y avait un enfant qui voulait des frites. Mon collègue lui a expliqué qu'on ne servait pas de frites au petit déjeuner. Alors, le petit a piqué une crise, il a commencé à crier : « J'en veux ! J'en veux ! » Les parents ne disaient rien. De la patience, quelquefois, il en faut, je vous assure.

Cette année, j'ai payé plus de 20 000 euros d'impôts. Je trouve que c'est beaucoup, n'est-ce pas ? Eh bien, aujourd'hui, j'ai reçu une lettre du fisc. Ils m'en réclament encore 8 000. J'ai déjà du mal à payer mes salariés. Les trois derniers mois, les affaires ne marchaient pas du tout, j'ai dû en licencier deux. Qu'est-ce que je vais faire ?

Rémy Breton,
réceptionniste dans un hôtel

Pierre Lafarge,
chef de chantier

Vincent Avril,
chef d'entreprise

b. Lisez le tableau sur le pronom *en* page 113. Dans les trois témoignages, soulignez les pronoms *en*. Dites ce qu'ils remplacent. Puis lisez la phrase avec les mots que *en* remplace.
Exemple : « *Oui, bien sûr, il y <u>en</u> a…* »
***en* = du stress**
Oui, bien sûr, il y a du stress…

c. Expliquez les causes du stress dans chaque situation.

2 **Vincent Avril dirige une petite entreprise. Il a prononcé les phrases suivantes.**

a. Imaginez ce que peut signifier le pronom *en* dans chaque phrase. Récrivez les phrases, comme dans la première.

1. Il y *en* a plusieurs, c'est difficile.
   Il y a plusieurs problèmes, c'est difficile.
2. Ils *en* ont trop, ils ne peuvent plus payer.
3. On n'*en* a pas assez, les délais sont trop courts.
4. Si l'entreprise *en* perd, c'est moi qui suis responsable.
5. Ce rapport n'*en* donne pas assez, je ne sais pas quoi décider.
6. Elles sont arrivées, mais il *en* manque six.

7.10 **b.** Maintenant, écoutez. Qu'est-ce que le pronom *en* remplace dans chaque phrase ?

3 **Êtes-vous stressé ?**

7.11 **a.** Rémy Breton travaille la nuit dans un hôtel, comme réceptionniste. Il répond à une interview. Écoutez et répondez aux questions suivantes. Si possible, utilisez le pronom *en*.

1. Est-ce que Rémy a beaucoup de travail ?
2. Est-ce qu'il a des difficultés dans son travail ? Si oui, lesquelles ?
3. Est-ce qu'il boit du café ? Si oui, combien de tasses est-ce qu'il peut boire en une nuit ?

b. Discutez avec votre voisin(e).
À tour de rôle, posez des questions à votre voisin(e) sur son travail ou sur ses études.
Est-ce que tu as beaucoup de travail ?
Est-ce que tu as des problèmes ? Quels problèmes ? Etc.

4 **Situations de stress.**

Écrivez des phrases sur des situations de stress. Écrivez sur les causes et les conséquences du stress.
Exemples :
Mon entreprise est au bord de la faillite. J'ai peur de perdre mon travail.
Léo a beaucoup de responsabilités. Il n'arrive plus à dormir.
Ma collègue a des problèmes familiaux. Elle est déprimée.

5 **Observez le personnage ci-contre. C'est Alexandre Kicétou, le consultant de *Français.com.***

Lisez ce qu'il dit et donnez votre avis. Vous pouvez utiliser les expressions suivantes.
– ***Je crois que*** *ce n'est pas normal.*
– ***Je pense qu'****on travaille trop.*
– ***Je trouve que*** *les gens sont stressés.*
– ***À mon avis****, il y a trop de pression.*

Le pronom « en »

• ***En* remplace :**
– un nom précédé d'un article indéfini *(un, une, des)*
Il a une voiture. → *Il* ***en*** *a* ***une****.*
– un nom précédé d'un article partitif *(du, de la, des)*
Il vend du vin. → *Il* ***en*** *vend.*
– un nom précédé d'un terme de quantité *(un, deux, trente, un kilo de, beaucoup de, assez de, trop de…).*
Il achète un kilo de pommes.
→ *Il* ***en*** *achète* ***un kilo****.*

• **À la forme négative :**
Il ***ne*** *boit pas de vin.*
→ *Il n'****en*** *boit* ***pas****.*

→ ***Précis grammatical*, p. 133**
Faites l'exercice B, p. 133

Phonétique

1. Voyelles tirées et voyelles arrondies
Écoutez. Répétez.
1. vie / vu – pie / pu – si / su
2. vie / vous – pie / pou – si / sous
3. dé / deux – les / le – fée / feu
4. dé / do – les / l'eau – fée / faux
5. sel / seul – air / heure – père / peur
6. sel / sol – air / or – père / port

2. [f]-[v] : FER-VER
Écoutez. Répétez.
1. fer / ver – feu / veut – font / vont
2. enfin / en vain – la foire / l'avoir
3. actif / active – relatif / relative
4. c'est faux / c'est vrai.
5. Je voudrais des frites, s'il vous plaît.

L'avis du consultant

• Qu'en pensez-vous ?

5 Demain sera un autre jour

1 Blanche Janin travaille chez Mobilia, un fabricant de meubles.

a. Lisez le mail qu'elle vient d'écrire. Soulignez les verbes au futur. Donnez leur infinitif.

Retirer msg | Nouveau msg | Répondre | Transférer | Classer | Suivant | Imprimer | Sécurité | Supprimer | Arrêter

De : Blanche Janin
A : Charles Jourdan
Objet : Affaire Cerise — Date : lundi 14/11/2012 10:46

Bonjour, Charles,
Il y a un mois, je vous ai demandé un rapport sur l'affaire Cerise. Est-ce que vous l'avez terminé ? J'en aurai besoin pour la réunion que nous aurons mercredi matin à ce sujet. Monsieur Delaunay assistera à la réunion. Vous devrez également y être. Je vous informerai de l'heure exacte dès que possible.
Je serai absente cet après-midi, jusqu'à environ 17 heures. Je passerai à votre bureau quand je reviendrai. J'espère que le rapport sera prêt.
Avez-vous téléphoné à monsieur Cohen, comme convenu ?
Blanche Janin
Responsable des ventes

b. Vrai ou faux ?
1. Charles est un client de Mobilia.
2. Il y aura une réunion le 16 novembre concernant l'affaire Cerise.
3. Blanche Janin ne connaît pas encore l'heure de la réunion.
4. Au moins trois personnes assisteront à cette réunion.
5. Blanche verra Charles aujourd'hui.
6. M. Cohen doit téléphoner à Charles.

c. « *Vous devrez également **y** être.* »
Qu'est-ce que remplace le pronom « y » dans cette phrase ?

2 Quels sont les dix commandements du bon employé ?

a. Mettez au futur simple, comme dans la première phrase.
1. Arriver tôt au travail.
   Tu arriveras tôt au travail.
2. Faire des heures supplémentaires.
3. Ne jamais dire « Non » à son chef.
4. Ne pas se disputer avec ses collègues.
5. Ne pas remettre les choses au lendemain.

b. Imaginez les cinq commandements suivants.

Le futur simple

• **Travailler :** je travaille**rai**, tu travaille**ras**, il / elle travaille**ra**, nous travaille**rons**, vous travaille**rez**, ils / elles travaille**ront**.

• **Et aussi :** je finirai (finir), je partirai (partir), je prendrai (prendre), etc.

• **Verbes irréguliers :** je serai (être), j'aurai (avoir), j'irai (aller), je pourrai (pouvoir), je devrai (devoir), je ferai (faire), je viendrai (venir), j'enverrai (envoyer), je verrai (voir), etc.

→ ***Précis grammatical*, p. 134**
→ ***Tableaux des conjugaisons*, p. 144**

Le pronom « y »

« Y » remplace un lieu indiquant une situation ou une destination.
*Elle est au bureau ? – Oui, elle **y** est.*
*Elle va à la réunion ? – Oui, elle **y** va.*

→ ***Précis grammatical*, p. 139**
Faites l'exercice C, p. 139

3 Blanche Janin discute avec Charles.

a. Complétez le dialogue ci-dessous avec les verbes suivants, au futur :
avoir / chercher / être / faire / finir / téléphoner.
Vous devez utiliser certains verbes plusieurs fois.

7.12 **b.** Écoutez et vérifiez vos réponses. Puis répondez à la dernière question de Charles.

Blanche : Charles, est-ce que vous avez écrit le rapport Cerise ?

Charles : J'ai presque fini, je ______ demain, ne vous inquiétez pas ! Vous avez vu le temps ? Il pleut sans arrêt.

Blanche : Charles, s'il vous plaît, ne changez pas de sujet !

Charles : Demain il ______ beau, il y ______ du soleil toute la journée.

Blanche : Oui, oui, je sais, j'ai vu la météo. Est-ce que vous avez téléphoné à monsieur Cohen ?

Charles : Pas encore. Je ______ demain, quand j'______ une minute.

Blanche : Non, Charles, demain, vous ne ______ pas à monsieur Cohen.

Charles : Si, si, je vous assure.

Blanche : Non, Charles, demain vous ne ______ pas dans votre bureau.

Charles : Si, madame, j'y ______ à 8 heures précises, je vous promets.

Blanche : Non, demain, Charles, vous ______ du travail. Demain ______ un autre jour. Vous ______ au chômage.

Charles : Qu'est-ce que vous voulez dire, madame ?

4 Jouez à deux.

Sur le modèle du dialogue entre Blanche et Charles, jouez à deux.
- **A** : Vous êtes le patron.
- **B** : Vous êtes l'employé.

Par exemple :
A. Est-ce que vous avez commandé la nouvelle imprimante ?
B. Pas encore, je la commanderai demain. Etc.

5 Qu'est-ce que vous ferez demain ?

Écrivez cinq phrases sur votre emploi du temps de demain. Soyez précis.
À 9 heures, j'assisterai à une réunion de service dans la salle 34.

L'avis du consultant

• Qu'en pensez-vous ?

Phonétique

1. Voyelles nasales
Écoutez. Répétez.
1. teint / temps / ton
2. timbre / lampe / montre
3. inquiet / entier / honteux
4. 25 / 30 / 100 / 101 / 11 / 591
5. longtemps / combien / enfin

2. [ʃ]-[ʒ] : CHOUE-JOUE
Écoutez. Répétez.
1. chou / joue – chose / j'ose
2. boucher / bouger – cachot / cageot
3. Blanche Janin et Charles Jourdan
4. Bonjour, Charles
5. Ne changez pas de sujet !

C. Écouter

1 Cochez ce que vous entendez.

7.13

1. ☐ C'est fou. ☐ C'est vous.
2. ☐ Tu es passif. ☐ Tu es passive.
3. ☐ Il essaye enfin. ☐ Il essaye en vain.
4. ☐ Ça bouche. ☐ Ça bouge.
5. ☐ C'est lâche. ☐ C'est l'âge.

2 Qu'est-ce que vous entendez ?

7.14

a. Entendez-vous le son [u] comme dans « loup », [y] comme dans « lu » ou [i] comme dans « lit » ? Dans quels mots ?

	[u]	[y]	[i]	
1	*X*			***bonjour***
2				
3				
4				
5				
6				

b. Entendez-vous le son le son [ɑ̃] comme dans « blanc » ? Si oui, dans quels mots ?

	oui	non	
1		*X*	
2			
3			
4			
5			
6			

3 Entendez-vous la phrase avec la liaison ou sans la liaison ?

7.15

1. ☐ Il était‿en retard. ☐ Il était en retard.
2. ☐ Il faut‿y aller. ☐ Il faut y aller.
3. ☐ Il n'est plus‿ici. ☐ Il n'est plus ici.
4. ☐ C'est‿incroyable. ☐ C'est incroyable.
5. ☐ Deux‿ou trois. ☐ Deux ou trois.

4 Les trois personnes suivantes ont suivi le cours de français.com.

7.16

Écoutez-les. Pour chacune d'elles, répondez aux questions suivantes.

1. De quelle nationalité est-elle ?
2. Quelle est sa profession ?
3. Pourquoi est-elle en France ?
4. Depuis combien de temps est-elle en France ?
5. Combien de temps va-t-elle rester ?

Gabriela

William

Manuel

D. Lire

1 **Les six paragraphes suivants racontent la vie de Philippe Bosc, un créateur d'entreprise. Ces paragraphes sont dans le désordre. Mettez-les dans l'ordre, de 1 à 6.**

☐ À son retour du service militaire, c'est le chômage. Il a 19 ans. Il aide un ami boulanger à vendre du pain au domicile des personnes âgées. « Je livrais du pain dans les petits villages. Les gens me connaissaient comme coiffeur. Ils me demandaient de les coiffer. Petit à petit, j'ai abandonné le métier de livreur de pain. Je suis devenu coiffeur à domicile », explique-t-il.

☐ Philippe Bosc naît en 1964 à Soultz, en Alsace, où il passe son enfance. Le petit Philippe n'aime pas l'école. « Je m'ennuyais sur les bancs de l'école. Je voulais apprendre un métier manuel. J'ai quitté l'école à 14 ans », raconte- il. De 14 à 18 ans, il est apprenti dans un salon de coiffure. A 18 ans, il rate son diplôme de coiffeur. Il part à l'armée pour un an.

☐ Le jeune patron comprend qu'il y a un marché national. Il embauche des coiffeuses dans d'autres régions. En 1998, il introduit la société à la Bourse de Paris. En 2002, la société emploie près de 3 000 salariés dans toute la France.

☐ Pendant sept ans, Philippe Bosc travaille comme coiffeur à domicile. En 1992, il crée une société de coiffure à domicile avec un capital de 20 000 F (3 500 euros). « Je ne voulais plus travailler moi-même. Je voulais embaucher une dizaine de coiffeuses », explique-t-il.

☐ Cette année-là, Philippe Bosc vend ses parts à un fonds d'investissement pour 51 millions d'euros. Il a 37 ans. Il est riche. « L'argent n'a pas changé grand-chose. Je suis resté le même garçon. Aujourd'hui, je vis dans mon village natal. J'ai gardé les copains de mes 20 ans », conclut-il.

☐ Philippe Bosc passe une offre d'emploi dans le journal *L'Alsace*. Il obtient seulement deux réponses. « J'ai téléphoné à un journaliste du journal. J'ai dit que j'allais créer des emplois dans la région », explique-t-il. Le journaliste écrit un article. « J'ai reçu 400 réponses. En un an, j'ai embauché 85 coiffeuses », poursuit Philippe Bosc.

E. Écrire

2 **Imaginez et écrivez un texte sur la vie de Philippe Bosc de 2002 jusqu'à aujourd'hui.**

F. Parler

3 **À tour de rôle, posez les questions suivantes à votre voisin(e) et répondez. Poursuivez la conversation pendant au moins 5 minutes.**

1. Où étiez-vous il y a 10 ans ? Qu'est-ce que vous faisiez ?
2. Où serez-vous dans 10 ans ? Qu'est-ce que vous ferez ?

Entre cultures
Vivre à l'étranger

1 Tom Glaser et Becky Chen travaillent à Paris. Ils parlent de leur vie en France.

7.17 **a.** Lisez et / ou écoutez leur témoignage.

Thomas Glaser est américain. Il est avocat dans le cabinet August & Associés, à Paris.

« Bonjour, je m'appelle Tom, je travaille à Paris depuis deux ans. Quelquefois, je voyage en France pour mon travail. La France est un pays magnifique. Chaque région est différente. Les paysages, la gastronomie, le mode de vie, tout est différent. En province, les gens sont plus aimables, plus accueillants qu'à Paris. Je voyage surtout en train. Les trains sont ponctuels, confortables, rapides, mais malheureusement, il y a souvent des grèves. Au travail, j'ai de bonnes relations avec mes collègues français. Par contre, je n'aime pas l'administration française. Il y a trop de bureaucratie, trop de formalités administratives, trop d'impôts, je trouve que l'État n'aime pas les entreprises. »

Becky Chen vient de Hong Kong. Elle est consultante à la banque BHS, à Paris.

« Bonjour, je suis Becky Chen. Je suis arrivée à Paris il y a un an. Je travaille dans une banque. Je fais un peu le même travail qu'à Hong Kong, c'est un travail très intéressant, mais ici, je dois parler français, et c'est beaucoup plus difficile. J'aime beaucoup Paris. C'est la plus belle ville du monde, on dirait un musée, et le climat est agréable. Mais pour moi, la vie est moins pratique qu'à Hong Kong. Par exemple, je n'ai pas de femme de ménage, pas encore, c'est moi qui dois faire les courses pour la maison, et je déteste faire des achats à Paris. Quand vous entrez dans un magasin, le vendeur n'a pas l'air content, il ne sourit pas, on a l'impression de le déranger, je trouve ça très désagréable. »

b. À votre avis, qui a fait les déclarations suivantes ? Tom ou Becky ?

	TOM	BECKY
1. En France, le client n'est pas roi.	☐	☐
2. J'aime bien me promener dans la campagne.	☐	☐
3. Mes collègues refusent de parler anglais avec moi.	☐	☐
4. Paris est réputé pour la beauté de ses monuments.	☐	☐
5. Les fonctionnaires nous empêchent de travailler.	☐	☐

2 À vous !

Avez-vous déjà vécu à l'étranger ? Racontez.

annexes

Dossiers personne A

Dossier 1 *(page 11)*

a. Dictez ces dix chiffres à la personne B.

13	8	15	4	3

11	5	7	12	9

b. Écoutez B. Écrivez les dix chiffres de B.

c. Vérifiez vos réponses avec B.

Dossier 2 *(page 15)*

a. Lisez à B ces groupes de trois lettres.

vdq	ugh	cso	rtu	mng	nnj
hee	ine	eék	qnn	eap	éab

b. Écoutez B. Entourez les groupes de trois lettres que vous entendez.

mbq	fjê	iàn	dwv
mpg	fjé	hçe	dww
mbk	huc	hçe	dvv
wro	huç	kfj	rce
ksé	vnn	kfb	rçe
ghè	wnm	kfp	zjj
jhe	wnn	kvt	zjg
ghe	ian	kwt	zgj
fge	iàm	dwt	zgg

Dossier 3 *(page 62)*

a. Vous réalisez une enquête sur les transports publics. Remplissez le formulaire ci-dessous. Posez les questions à la personne B. Notez les réponses.
Exemple:
Dans quelle ville est-ce que vous habitez?
Utilisez la boîte à outils.

Boîte à outils

Où est-ce que... ?
Dans quelle ville est-ce que... ?
Dans quel pays est-ce que... ?
Dans quelle entreprise est-ce que... ?
Comment est-ce que... ?
Combien de temps est-ce que... ?

Commencez ainsi:
Bonjour, monsieur / madame. Je fais une enquête sur les transports publics. Est-ce que je peux vous poser quelques questions?

Transports publics
Relations avec la clientèle

1. Lieu d'habitation:
   ville: ______ pays: ______
2. Lieu de travail:
   entreprise / organisation: ______
   ville: ______
3. Moyen de transport:
   ☐ métro ☐ bus
   ☐ train ☐ voiture
   ☐ autres: ______
4. Durée du trajet (du domicile au travail):
   ______

b. Maintenant, répondez aux questions de B.

Dossier 4 (page 19)

Vous organisez une réunion. Voici des informations sur les participants.
Posez des questions à la personne B et complétez les informations manquantes.
Utilisez la boîte à outils.

Nom	Prénom	Entreprise	Téléphone	Mail
M. Dulac	Baptiste	Rondeau	01 12 90 11 83	bdulac@rondeau.org
M. Jacques	________	Boisson	04 21 73 63 45	l.jacques@boisson.com
Mme Linux	Danielle	JPG	________	danielle.linux@jpg.fr
M. Bon	Florian	________	01 39 88 88 31	

Boîte à outils

- Quel est le nom de monsieur / madame… ?
- Quel est le prénom de… ?
- M. … travaille dans quelle entreprise ?
- Quel est le numéro de téléphone de… ?
- Quel est le mail de… ?
- Comment ça s'écrit ?
- Vous pouvez épeler, s'il vous plaît ?
- Vous pouvez répéter, s'il vous plaît ?

Dossier 5 (page 109)

a. Racontez à B l'histoire de Bernard Lévêque. Parlez au passé. Utilisez les notes suivantes.

Bernard Lévêque, ingénieur, 27 ans
ONG, Maroc, s'occupe de logistique
jeudi soir, 6 heures, seul au bureau
fatigué, a beaucoup de travail
ordinateur tombe en panne
Lévêque, furieux, pique une colère
se lève, ouvre la fenêtre
prend l'ordinateur, le jette par la fenêtre
a de la chance, personne sous la fenêtre

b. B va vous raconter l'histoire de Karyn. Écoutez. Ne prenez pas de notes. Si vous ne comprenez pas, posez des questions.

Dossier 6 (page 94)

Complétez les mentions manquantes. Puis pratiquez le dialogue à deux.

A. Allô, Lise ?
B. Oui, c'est moi.
A. C'est Max. Je te d________ ?
B. Non, pas du tout.
A. J'ai un problème avec mon o________.
L'écran ne f________ plus.
B. Est-ce que l'ordinateur est a________ ?
A. Oui, mais l'é________ est tout noir.
B. Si tu bouges la s________, qu'est-ce que tu v________ ?
A. Je ne vois r________, l'é________ est e________ noir.
B. Et si tu a________ sur la t________ F8 du c________ ?
A. F8 ? Attends… Oh ! Ça m________, c'est formidable, merci.

Dossier 7 *(page 61)*

a. Vous cherchez la poste. Demandez à la personne B. Indiquez la poste sur le plan ci-contre. Commencez ainsi: *Excusez-moi, madame / monsieur, je cherche la poste.*

b. B cherche une rue. À l'aide du plan, expliquez le chemin. Dites « vous ». Utilisez les mots suivants : *Vous continuez… Vous prenez… Vous tournez…*

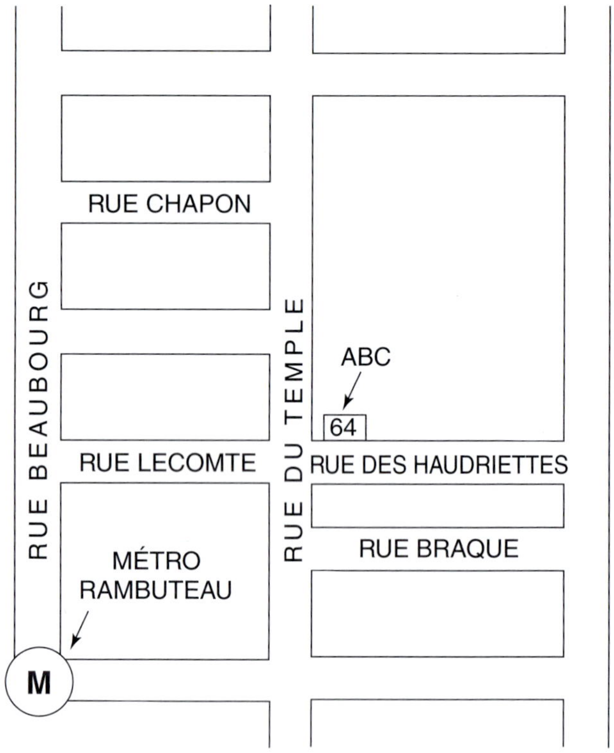

Dossier 8 *(page 61)*

Objet: Adresse boutique ABC

Bonjour,
Quelle est l'adresse de votre boutique ABC?
Quelle est la station de métro la plus proche?
Pouvez-vous m'expliquer l'itinéraire?
Merci par avance.
Nadia Hamadi

À l'aide du plan ci-contre, répondez à ce message. Pour expliquer l'itinéraire, utilisez l'impératif.

De:
A: Nadia Hamadi
Objet: RE: Adresse boutique ABC

Dossier 9 *(page 66)*

La personne B est à Paris. Elle va à Reims. Voici son billet de train. Il y a des mentions manquantes. Posez des questions à B et complétez les mentions manquantes. Utilisez les expressions suivantes:

À quelle heure est-ce que… ?
En quelle classe est-ce que… ?
Quel est le numéro du / de la… ?
Quel est le prix du… ?

SNCF — **BILLET**
Paris-Est → Reims

Départ : à ______ de Paris-Est
Arrivée : à ______ à Reims
TGV n° ______
Classe : 1re ☐ 2e ☐
Voiture ______ Place ______
Prix : ______ €

Dossier 10 *(page 33)*

a. Regardez cet extrait de catalogue. Vous trouvez la référence et le prix des articles.
Il manque des informations. Demandez à B les informations manquantes.
Quel est le prix du… ?
Quelles sont les références du… ?

Canoë
Réf.: ______
Prix: 649 €

Canapé en cuir
Réf.: ______
Prix: 1 095 €

Four à micro-ondes
Réf.: XJL 553
Prix: ______ €

Siège de bureau
Réf.: IEG 1761
Prix: ______ €

b. Répondez aux questions de B.
c. Vérifiez vos réponses avec B.

Dossier 11 *(page 63)*

Regardez la carte du Portugal. Elle indique les différents établissements de Marino au Portugal.

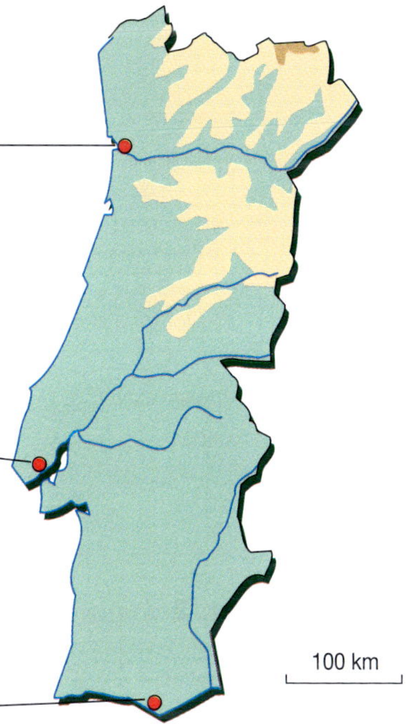

Porto
– *3 ateliers*
– *1 entrepôt*

Lisbonne
– *1 bureau*
– *2 salles d'exposition*
– *1 magasin de vente*

Faro
– *1 bureau*
– *1 salle d'exposition*

Expliquez à la personne B où ces établissements se trouvent.
Exemple:
Marino a trois ateliers à Porto, au nord du Portugal.

Dossiers personne B

Dossier 1 (page 11)

a. Écoutez A. Écrivez les dix chiffres de la personne A.

b. Dictez ces dix chiffres à A.

19	0	6	14	2

17	6	16	19	18

c. Vérifiez vos réponses avec A.

Dossier 2 (page 15)

a. Écoutez A. Entourez les groupes de trois lettres que vous entendez.

wdq	mmj	hee	eêk
vdq	rtu	heé	eek
uhg	mnj	hoe	eék
ujh	nmg	cxi	qmn
ugh	mng	ime	knn
çso	mmj	ina	qnn
csu	nnj	ine	eap
cso	mmg	eni	eab
csa	hea	eêa	éab

b. Lisez à A ces groupes de trois lettres.

mbq	ghe	fjé	huc	wnn	iàn
hçe	kjf	kwt	dww	rce	zgg

Dossier 3 (page 62)

a. Répondez aux questions de A.
b. Vous réalisez une enquête pour Air Ixe, une compagnie aérienne. Lisez le formulaire ci-dessous. Posez les questions à la personne A. Notez les réponses sur le formulaire.
Exemple:
Dans quelle ville est-ce que vous habitez?
Utilisez la boîte à outils.

Boîte à outils

Où est-ce que... ?
Dans quelle ville est-ce que... ?
Dans quel pays est-ce que... ?
Est-ce que... ?
Pourquoi est-ce que... ?
Comment est-ce que... ?
Combien de temps est-ce que... ?

Commencez ainsi:
Bonjour, monsieur / madame. Je fais une enquête sur les moyens de transport. Est-ce que je peux vous poser quelques questions?

Air Ixe
Relations avec la clientèle

1. Lieu d'habitation:
   ville: _______ pays: _______
2. Voyage à l'étranger:
   ☐ oui ☐ non
3. Dans quel pays, par exemple: _______
4. Motif du voyage:
   ☐ tourisme ☐ travail
   ☐ autres: _______
5. Moyen de transport:
   ☐ train ☐ voiture
   ☐ avion ☐ bateau
6. Durée du trajet:
   _______ heures

Dossier 4 *(page 19)*

Vous organisez une réunion. Voici des informations sur les participants.
Posez des questions à la personne A et complétez les informations manquantes.

Nom	Prénom	Entreprise	Téléphone	Mail
M. Dulac	______	Rondeau	01 12 90 11 83	bgougeon@rondeau.org
M. Jacques	Luc	Boisson	______	l.jacques@boisson.com
Mme Linux	Danielle	______	06 16 51 52 19	______
M. Bon	Florian	Sony	01 39 88 88 31	f.bon@sony.fr

Boîte à outils

- Quel est le nom de monsieur / madame… ?
- Quel est le prénom de… ?
- M. … travaille dans quelle entreprise ?
- Quel est le numéro de téléphone de… ?
- Quel est le mail de… ?
- Comment ça s'écrit ?
- Vous pouvez épeler, s'il vous plaît ?
- Vous pouvez répéter, s'il vous plaît ?

Dossier 5 *(page 109)*

a. A va vous raconter l'histoire de Bernard Lévêque. Écoutez. Ne prenez pas de notes. Si vous ne comprenez pas, posez des questions.
b. Maintenant racontez à A l'histoire de *Save.Karyn.com*. Parlez au passé. Utilisez les notes suivantes.

Karyn, jeune Américaine, beaux vêtements
dépense beaucoup d'argent, carte de crédit
beaucoup de dettes, 20000 dollars
ne peut pas rembourser
idée simple: doit convaincre 20000 personnes
de lui envoyer 1 dollar
crée un site Internet
succès rapide, milliers d'internautes
après trois mois, peut rembourser dettes
raconte cette histoire, vend des milliers de livres

Dossier 6 *(page 91)*

Les messages suivants sont extraits de différents mails écrits par Fanny. Lisez-les et répondez aux questions de A. Donnez des détails.

Gérard Hardy ne peut pas assurer la formation marketing du 24 mai. Monsieur Rossi, professeur à l'École supérieure de commerce de Genève, va le remplacer.

En ce moment, je suis très prise.
Je négocie avec la société anglaise Winston un contrat de 10 millions d'euros.

À la place de Mathieu Poulain, la DRH a embauché Nicolas Maréchal, 29 ans, diplômé de l'université Paris-Dauphine.
Monsieur Maréchal a travaillé pendant quatre ans à Londres, dans une banque d'affaires.

J'ai des problèmes personnels. Je suis en instance de divorce, ça me tracasse.

Dossier 7 *(page 61)*

a. La personne A cherche la poste.
À l'aide du plan, expliquez le chemin.
Utilisez les mots suivants :
vous allez… vous prenez… vous traversez… vous continuez… tout droit… au bout de…

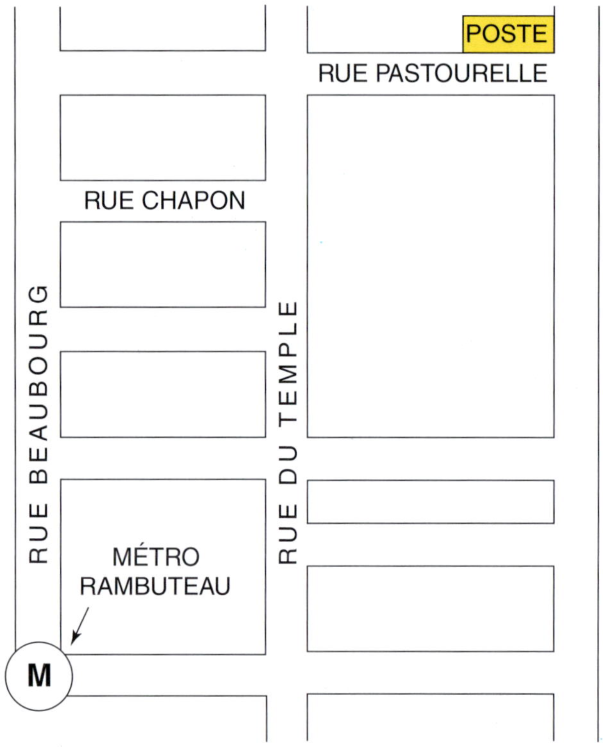

b. Vous cherchez la rue Braque.
Demandez à A. Écrivez le nom de la rue sur le plan.
Commencez ainsi :
Excusez-moi, monsieur/madame, je cherche la rue Braque.

Dossier 8 *(page 59)*

Vous voulez une chambre pour deux adultes. Avec deux lits jumeaux.
Pour demain. Pour une nuit.
Commencez ainsi :
Bonjour, est-ce que vous avez une chambre libre ?

Dossier 9 *(page 66)*

Vous êtes à Paris. Vous allez à Reims. Consultez votre billet de train et répondez aux questions de la personne A.

SNCF — **BILLET**
Paris-Est → Reims
Départ : à 13 h 38 de Paris-Est
Arrivée : à 14 h 12 à Reims
TGV n° 1532
Classe : 1re ☐ 2e ☐
Voiture 11 Place 25
Prix : 38 €

Dossier 10 *(page 66)*

a. Regardez cet extrait de catalogue. Vous trouvez la référence et le prix des articles.
Répondez aux questions de A.

Canoë
Réf. : HZF 765
Prix : ______ €

Canapé en cuir
Réf. : APUX 892
Prix : ______ €

Four à micro-ondes
Réf. : ______
Prix : 139 €

Siège de bureau
Réf. : ______
Prix : 199 €

b. Il manque des informations. Demandez à A les informations manquantes.
Quel est le prix du… ?
Quelles sont les références du… ?

Précis grammatical

1 Le nom

1 Le genre : masculin et féminin

A. Pour les personnes

- En général, le genre correspond au sexe.

	Masculin	Féminin
Nom différent	*un homme*	*une femme*
Même nom	*un stagiaire*	*une stagiaire*

- Parfois la terminaison du mot change.

	Masculin	Féminin
– / -e	*un client*	*une cliente*
-eur / -euse	*un serv**eur***	*une serv**euse***
-eur / -rice	*un direct**eur***	*une direct**rice***
-er / -ère	*un boulang**er***	*une boulang**ère***
-ien / -ienne	*un music**ien***	*une music**ienne***

B. Pour les objets ou les notions

- Le genre est arbitraire.

  un fauteuil, une chaise, le Soleil, la Lune

- Parfois, on peut connaître le genre du nom en regardant sa terminaison (son suffixe). Par exemple, sont :

– **féminins** les noms terminés par ***-sion, -tion, -xion*** :

  *une télévi**sion**, une réserva**tion**, une conne**xion***

– **masculins** les noms terminés par ***-isme*** :

  le capitalisme, le tourisme

2 Le nombre : singulier et pluriel

- En général, on ajoute un « s » au singulier.

  *un livre → des livre**s***

⚠ Le *-s* final ne s'entend pas.

- Cas particuliers

	Singulier	Pluriel
-eau → -eaux	*un bur**eau***	*des bur**eaux***
-eu → -eux	*un j**eu***	*des j**eux***
-al → -aux	*un journ**al***	*des journ**aux***
noms terminés par *-s, -x, -z* = > pas de changement	*un Français* *un prix* *un nez*	*des Français* *des prix* *des nez*

⚠ Attention : il y a des exceptions.

EXERCICES

A. Masculin (M) ou féminin (F) ?

	M	F
1. un hôtel	☒	☐
2. une maison	☐	☐
3. une baguette	☐	☐
4. un stylo	☐	☐
5. une pomme	☐	☐
6. un pantalon	☐	☐

B. Mettez *un* ou *une*.

1. ***un*** voleur
2. ______ chanteuse
3. ______ étranger
4. ______ monsieur
5. ______ présentation
6. ______ comédien

C. Éliminez l'intrus.

1. vendeur – ~~***professeurs***~~ – facteur
2. villes – collège – théâtre
3. ciseaux – cadeau – tableau
4. lieu – cheveux – feu
5. cheval – journal – hôpitaux
6. cinéma – sport – problèmes

D. Mettez au pluriel

1. une phrase ***des phrases***
2. un manteau ______
3. un animal ______
4. un bras ______
5. un choix ______
6. une surprise ______

2 Les déterminants

1 Les articles

	Masculin	Féminin	Pluriel
Articles définis	le, l'*	la, l'*	les
Articles indéfinis	un	une	des
Articles partitifs	du	de la	des
à + article défini → de + article défini →	au du		aux des

* Devant une voyelle ou un *h* muet : *l'adresse, l'hôtel.*

A. L'article défini

Il désigne une chose ou une personne uniques et connues.

C'est l'entreprise où Léo travaille. (bien défini)

⚠ Si on parle de la notion ou de la matière en général, on emploie l'article défini.

*J'étudie **les** maths. J'aime **le** poisson.*

B. L'article indéfini

Il désigne une chose ou une personne pas encore connues.

*C'est **une** entreprise.* (une parmi d'autres)

C. L'article partitif

Il désigne une partie de…, une certaine quantité de…

*Achète **du** pain, **de la** confiture, **de l'**huile, **des** fruits.*

2 L'adjectif démonstratif

	Masculin	Féminin
Singulier	ce, cet*	cette
Pluriel	ces	

* Devant un voyelle ou un *h* muet : *cet aéroport, cet homme*

*Je voudrais essayer **ce** pantalon et **cette** veste.*

3 L'adjectif possessif

Il s'accorde avec le nom et change avec le possesseur.

Possesseur	Masculin	Féminin	Pluriel
Je	mon	ma, mon*	mes
Tu	ton	ta, ton*	tes
Il/Elle	son	sa, son*	ses
Nous	notre		nos
Vous	votre		vos
Ils/Elles	leur		leurs

* Devant un voyelle ou un *h* muet : *ton amie, son hôtel*

*Paul aime **sa** femme, **son** travail, **ses** collègues.*

EXERCICES

A. Faites comme dans l'exemple.

1. le bleu/le ciel *le bleu du ciel*
2. la robe/la mariée ______
3. le chef/le service ______
4. la date/les vacances ______
5. le parking/l'aéroport ______
6. le stylo/Jacques ______

B. Mettez *le, la, un, une, des.*

1. Voilà Luc Dumas, ***un*** journaliste.
2. C'est ______ ami.
3. Il travaille pour ______ journal français.
4. C'est ______ journal *Le Monde.*
5. Luc aime ______ littérature.
6. Il écrit ______ romans.

C. Complétez avec *ce, cet, cette, ces.*

1. ______ montre ne marche pas.
2. ______ restaurant est fermé.
3. ______ horaires sont impératifs.
4. ______ appartement est grand.
5. ______ orange est délicieuse.
6. ______ hôtel est complet.

D. Mettez des adjectifs possessifs.

1. – Tu connais Paul ?
   – Non, mais je connais ses parents.
2. – Où est-ce qu'ils habitent ?
   – ______ maison est devant la gare.
3. – Le père de Paul, qu'est-ce qu'il fait ?
   – ______ père ? Il est ingénieur.
4. – Regarde, c'est Lise, la femme de Paul.
   – Ah bon ! C'est ______ femme !

3 L'adjectif qualificatif

1 Le féminin de l'adjectif

A. Règle générale

Pour former le féminin de l'adjectif, on ajoute un « - « **-e** » au masculin.

Il est petit. → *Elle est petit**e**.*

⚠ L'adjectif qui se termine par « -e » au masculin ne change pas au féminin.

*Un endroit calm**e*** → *Une ville calm**e***

B. Exceptions

Au féminin, certains adjectifs changent d'orthographe et de prononciation. Voici quelques cas :

MASCULIN	*FÉMININ*
*anci**en***	*anci**enne***
*épai**s***	*épai**sse***
*fau**x***	*fau**sse***
*b**on***	*b**onne***
*neu**f***	*neu**ve***
*spaci**eux***	*spaci**euse***
*étrang**er***	*étrang**ère***

2 Le pluriel de l'adjectif

A. Règle générale

Pour former le pluriel de l'adjectif, on ajoute un « **s** » au singulier.

une boîte vide → *des boîtes vide**s***

⚠ L'adjectif qui se termine par « s » ou « x » au singulier ne change pas au pluriel.

*un sport dangereu**x*** → *des sports dangereu**x***

B. Exceptions

Les adjectifs qui se terminent par « **eau** » ou par « **al** » au singulier ont un pluriel en « **eaux** » ou en « **aux** ».

*Il est nouv**eau**.* → *Ils sont nouv**eaux**.*

*Il est origin**al**.* → *Ils sont origin**aux**.*

3 Place de l'adjectif

A. Règle générale

En général, l'adjectif se place **après** le nom.

*C'est un restaurant **bruyant**.*

B. Cas particuliers

- Quelques adjectifs se placent **avant** le nom.

Par exemple : *beau, bon, demi, dernier, grand, gros, joli, mauvais, meilleur, nouveau, petit.*

*Il a trouvé un **nouveau** travail.*

- Certains adjectifs changent de sens suivant la place.

*Un **pauvre** homme* (il fait pitié).

*Un homme **pauvre*** (il n'est pas riche).

EXERCICES

A. Choisissez la bonne réponse.

1. J'ai un collègue :
   ☐ mexicain ☐ mexicaine
2. Pierre est :
   ☐ canadien ☐ canadienne
4. Monsieur Laska est de nationalité :
   ☐ hongrois ☐ hongroise
5. Il a une voiture :
   ☐ japonais ☐ japonaise

B. Dans cette liste soulignez les adjectifs qui ne changent pas au féminin.

exact, content, <u>rouge</u>, fier, étrange, fin, fréquent, gras, malade, précis, marié, célibataire, idiot, bête, interdit, long, court, vrai, faux, facile, inquiet, amoureux, agressif, simple, blond, sale, propre, lourd, léger, marrant, agréable

Un sport dangereux : le parapente.

C. Mettez au pluriel.

1. un hôtel cher → des *hôtels chers*
2. un aéroport international → des ________
3. une idée originale → des ________
4. un mur épais → des ________
5. une voiture neuve → des ________
6. un produit coûteux → des ________
7. un examen oral → des ________

4 L'expression de la quantité

1 Les nombres cardinaux

0	zéro	23	vingt-trois
1	un	30	trente
2	deux	40	quarante
3	trois	50	cinquante
4	quatre	60	soixante
5	cinq	70	soixante-dix
6	six	71	soixante et onze
7	sept	72	soixante-douze
8	huit	80	quatre-ving**ts**
9	neuf	81	quatre-vingt-un
10	dix	90	quatre-vingt-dix
11	onze	91	quatre-vingt-onze
12	douze		
13	treize		
14	quatorze	100	cent
15	quinze	101	cent un
16	seize	200	deux cen**ts**
17	dix-sept	1 000	mille
18	dix-huit	10 000	dix mille
19	dix-neuf	1 000 000	un million
20	vingt	10 000 000	dix million**s**
21	vingt et un	1 000 000 000	un milliard
22	vingt-deux	10 000 000 000	dix milliard**s**

⚠ Avec 8, 10, 12, 20, 30, 40, 50, 60 et 100, on peut ajouter le suffixe ***-aine,*** qui a une valeur approximative:
une huit**aine**, une diz**aine**, une douz**aine**, une vingt**aine**, une trent**aine**... une cent**aine**.

*Elle a une **vingtaine d'**années (= environ 20 ans).*

2 Les nombres ordinaux

On ajoute *-**ième*** au nombre correspondant.

deux → deux**ième**
trois → trois**ième**
vingt et un → vingt et un**ième**

⚠ Une exception: **premier** (1er), **première** (1re).

3 Les fractions et les pourcentages

1/2: un demi
1/3: un tiers
1/4: un quart
1/5: un cinqu**ième**
1/1000 : un mill**ième**
10 % dix **pour cent**

***Huit pour cent** de la population est au chômage.*

EXERCICES

A. Dites combien ça coûte.

Appareils Photo

1. FUJI PIX 640 ....180,20 €
2. KODAK EF 870 ....299,00 €
3. CANON XS 710 ....440,90 €
4. POLAROÏD VTK 355 ....99,95 €
5. SONY DC 460 ....356,50 €

1. Le FUJI PIX 640 coûte cent quatre-vingts euros vingt.
2. Le KODAK ZEF 870 coûte...

B. Écrivez les chiffres en lettres.

– 14 200 ***quatorze mille deux cents***
– 16 775 ____________
– 122 513 ____________
– 3 418 099 ____________

BANQUE AZUR **€ *7815***
Payez contre ce chèque ____________
____
À ***Paul Dupont*** ____________
Fait à ***Paris*** Le ***3 mars 2014***
Paul Dupont

C. Écrivez en lettres.

– 2/3 ***deux tiers***
– 3/4 ____________
– 9/10 ____________
– 15 % ____________

4 Expressions de quantité suivies de « de + nom »

- **un litre de, un kilo de, une boîte de, une tranche de, etc.**
  un verre d'*eau,* ***une assiette de*** *frites, etc.*
- **un peu de, beaucoup de**
  Ils ont ***beaucoup de*** *problèmes.*
- **assez de, trop de**
  Elle est paresseuse, elle ne fait pas ***assez d'****efforts.*

⚠ NE DITES PAS « beaucoup ~~des~~ », « assez ~~des~~ », etc.
DITES « beaucoup **de** », « assez **de** », etc.

5 Les adjectifs indéfinis

Ils sont suivis d'un nom.

- **quelques, plusieurs, différent(e)s, certain(e)s** s'utilisent au pluriel.
  Il reste ***quelques*** *places pour le concert.*
  Paul parle ***plusieurs*** *langues.*
  J'ai visité ***différents*** *pays.*
  J'accepte, mais à ***certaines*** *conditions.*
- **chaque** s'utilise au singulier.
  Dans l'avion, ***chaque*** *passager a sa place numérotée.*
- **tout, tous, toute, toutes + déterminant** s'accordent avec le nom qui suit.
  Elle travaille ***tout le*** *temps.*
  Merci pour ***toutes ces*** *informations.*

6 Les pronoms indéfinis

Ils remplacent un nom.

- **certain(e)s, d'autres**
  Certains *sont riches,* ***d'autres*** *sont pauvres.*
- **chacun, chacune**
  Il y a quatre médecins, ***chacun*** *a sa spécialité.*
- **tous, toutes**
  – Est-ce que tous les employés assistent à la réunion ?
  – Oui, ils viennent ***tous****.*

⚠ Quand « tous » est pronom, on prononce le « s » final.

- **tout** = toutes les choses
  Tout *est prêt.*

7 Le pronom « en »

- « **en** » remplace un nom indiquant une quantité indéterminée.
  – Elle boit du vin ?
  – Oui, elle ***en*** *boit.*
- Si la quantité est précisée, elle est ajoutée à la fin.
  – Elle a des enfants ?
  – Oui, elle ***en*** *a* ***deux****.*

EXERCICES

A. Reliez A et B.

A		B
1. Une boîte de	*c*	a. fleurs
2. Une tasse de	...	b. sel
3. Une douzaine d'	...	c. chocolats
4. Une bouteille d'	...	d. jambon
5. Une tranche de	...	e. œufs
6. Un flacon de	...	f. café
7. Un bouquet de	...	g. parfum
8. Un morceau de	...	h. huile
9. Une pincée de	...	i. gâteau

Il y a beaucoup de monde.

B. L'entreprise Duez fabrique du matériel électrique. Posez des questions sur cette entreprise, puis répondez en utilisant le pronom *en*.

1. Ingénieurs (6)
2. Ouvriers (une centaine)
3. Femmes (30 %)
4. Parking (0)
5. Salle de sport (0)
6. Problèmes (beaucoup)
7. Grèves (une l'année dernière)

1. *– Est-ce qu'il y a des ingénieurs ?*
   – Oui, il y en a six.
2. *– Est-ce qu'il y a des ouvriers ?*
   – Oui, il...

5 Les verbes : modes et temps

1 Le mode indicatif

A. Le présent
Il exprime :
– une action en cours de réalisation :
*– Qu'est-ce que tu **fais** ?*
*– Je **travaille**.*

⚠ On peut aussi utiliser le présent progressif :
***être en train de* + infinitif**
*Je **suis en train de travailler**.*
– une habitude :
*Tous les étés, je **prends** des vacances.*
– une vérité générale :
*Paris **est** la capitale de la France.*
– une action future :
*Je **pars** demain.*

B. Le passé
• **Le passé récent : *venir de* + infinitif**
L'action est finie depuis peu de temps.
*Elle **vient de partir**.*

• **Le passé composé : *avoir* ou *être* + participe passé**
Avec le passé composé, on considère l'action passée comme un ÉVÉNEMENT.
*– Qu'est-ce que tu **as fait** hier ?*
*– **J'ai voyagé**.*
*– Où est-ce que tu **es allé** ?*
*– Je **suis allé** à Bruxelles.*
*Quand le président **est entré**, tout le monde **s'est levé**.*
*Cette année, **j'ai pris** mes vacances en septembre.*

• **L'imparfait**
Avec l'imparfait, on considère l'action passée comme une SITUATION.
*Avant, il n'y **avait** pas de chômage.*
*Tous les étés, je **prenais** des vacances en août.*

⚠ Avec l'imparfait, le récit est statique. Le passé composé crée une rupture.
*Elle **dormait** quand le téléphone **a sonné**.*
*Dans cette entreprise, l'ambiance **était** détestable. Mais un beau jour, monsieur Lebec **est arrivé** et tout **a changé**.*

C. Le futur
• **Le futur simple**
Il exprime une action à venir, précise.
*Le train **partira** à 9h35, de la voie 12.*

• **Le futur proche : *aller* + infinitif**
Il est employé à l'oral.
*Le train **va partir**.*

EXERCICES

A. Transformez les phrases en utilisant *être en train de*.

1. Trop tard, le train part.
Trop tard, le train est en train de partir.
2. Réveillez-vous, vous dormez.
____
3. Attends une seconde, je réfléchis.
____
4. Arrête, tu dis des bêtises.
____
5. A mon avis, ils se trompent.
____
6. Pauline et moi, nous divorçons.
____

B. Choisissez la phrase la plus logique.

1. ☐ Tu as vu le directeur hier ?
☐ Tu voyais le directeur hier ?
2. ☐ Qui a découvert l'électricité ?
☐ Qui découvrait l'électricité ?
3. ☐ Avant, quand il a été dans les affaires, il a gagné beaucoup d'argent.
☐ Avant, quand il était dans les affaires, il gagnait beaucoup d'argent.
4. ☐ Quand j'ai habité à Paris, j'ai pris le métro tous les jours.
☐ Quand j'habitais à Paris, je prenais le métro tous les jours.
5. ☐ On a fait un beau voyage, on est allé en Inde.
☐ On faisait un beau voyage, on allait en Inde.

C. Complétez avec les verbes suivants au futur proche (*aller* + infinitif) :
aller, résoudre, faire, pleuvoir, se marier

1. Prends un parapluie, ***il va pleuvoir***.
2. Nous ________ ce problème.
3. Qu'est-ce que tu ________ ?
4. Je ________ chez le coiffeur.
5. Paul et Sarah ________.

2 Le mode infinitif

Avec l'infinitif, on peut classer les verbes en trois groupes.

- **Verbes du premier groupe** : ils se terminent par *-er*.

  parler, parler, habiter…

Ils sont presque tous réguliers.

- **Verbes du deuxième groupe** : ils se terminent par *-ir*.

  finir, choisir, rougir…

Ils ont une forme en ***-iss*** à certaines personnes et à certains temps.

nous finissons, vous finissez, ils finissent…

Ils sont réguliers.

- **Verbes du troisième groupe :** ils se terminent par :

– ***-ir***

venir, partir, offrir…

– ***-oir***

savoir, voir, pouvoir…

– ***-re***

faire, vendre, boire…

Ils sont souvent irréguliers :

je viens, je sais, je fais…

3 Le mode impératif

- **Pour donner un conseil ou un ordre.**

  Rappelez *plus tard !* ***Venez*** *demain !*

  Restez *tranquille !* ***Taisez-vous*** *! Ne* ***bougez*** *pas !*

- **L'impératif est un présent sans sujet.**

On l'utilise seulement pour *tu, nous, vous.*

Tu écoutes → ***Écoute !***

Nous écoutons → ***Écoutons !***

Vous écoutez → ***Écoutez !***

⚠ Le « d » disparaît avec les verbes du premier groupe (*-er*) et avec le verbe « aller ».

*Tu regardes → Regar**de** !*

Tu vas moins vite → ***Va*** *moins vite !*

4 Le mode conditionnel

- **Pour demander poliment :**

  Je ***voudrais*** *un renseignement, s'il vous plaît.*

- **Pour donner un conseil :**

  Vous ***devriez*** *apprendre le français.*

- **Pour exprimer un désir :**

  Il ***aimerait*** *changer de travail.*

◆ **Pour former le conditionnel, on utilise le radical du futur + les terminaisons de l'imparfait :**

je voudr-ais, vous devr-iez, il aimer-ait

EXERCICES

A. Donnez l'infinitif des verbes.

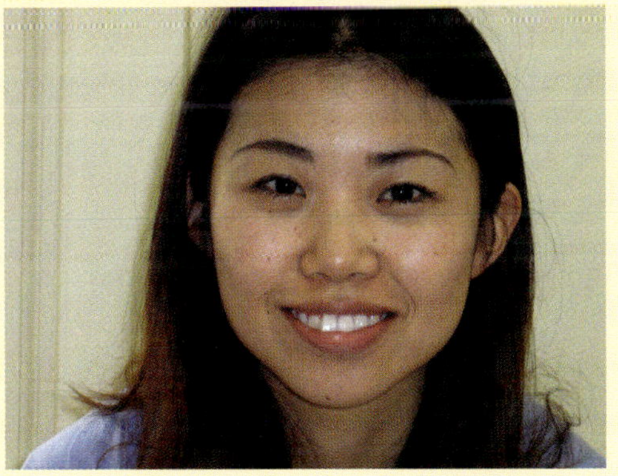

1. Je *m'appelle* Mayumi. ***s'appeler***
2. J'*ai* 23 ans. ______
3. Je *suis* japonaise. ______
4. Je *connais* bien Tokyo. ______
5. Maintenant, j'*habite* à Paris. ______
6. Je *fais* des études. ______
7. J'*apprends* le français. ______
8. J'*aime* beaucoup Paris. ______
9. Je *vais* bien, et vous ? ______

B. Présentez Mayumi.

1. *Elle s'appelle Mayumi.*
2. *Elle…*

C. Complétez avec *être* ou *avoir*.

1. C'est une petite ville de province.
2. Tu ______ une montre ?
3. Elle ______ trente-deux ans.
4. J'______ soif, pas vous ?
5. Ce ______ des gens bizarres.
6. Vous ______ un bon travail.
7. Tu ______ où ?
8. Nous ______ ici.
9. Ils ______ un gros chien.
10. Vous ______ sympathique.

6 L'interrogation

1 Il y a trois manières de poser une question

- Avec une intonation montante (style courant)
  Vous travaillez ici?
- Avec *est-ce que* (style courant)
  ***Est-ce que** vous travaillez ici?*
- Avec l'inversion du verbe et du pronom (style soutenu)
  ***Travaillez-vous** ici?*

2 Pour interroger sur une personne: *qui*

- Style courant
  *C'est **qui**?*
  ***Qui** est-ce qui vient à la réunion?*
  ***Qui** est-ce que vous avez invité?*
- Style soutenu
  ***Qui** est-ce? **Qui** vient à la réunion?*
  ***Qui** avez-vous invité?*

3 Pour interroger sur un objet: *quoi, qu(e)*

- Style courant
  *Il fait **quoi**?*
  ***Qu'est-ce** qu'il fait?*
- Style soutenu
  ***Que** fait-il?*

⚠ ***qui*** et ***quoi*** peuvent être précédés d'une préposition.
*Avec **qui** est-ce que vous travaillez?*
*À **quoi** est-ce que tu penses?*

4 Pour interroger avec *quel, quelle*

- Style courant
  *Vous parlez **quelles** langues?*
  ***Quelles** langues est-ce que vous parlez?*
- Style soutenu
  ***Quelles** langues parlez-vous?*

⚠ ***quel*** peut être précédé d'une préposition:
*Vous habitez **dans quel** pays?*

5 Pour interroger sur des circonstances: *où, quand, pourquoi, comment, combien*

- Style courant
  *Tu gagnes **combien**?*
  ***Combien est-ce** que tu gagnes?*
- Style soutenu
  ***Combien** gagnes-tu?*

EXERCICES

A. À quelles questions pouvez-vous répondre par *oui* ou par *non*?

☐ 1. Qu'est-ce que vous voulez dire?
☐ 2. Est-ce que vous connaissez Paris?
☐ 3. Vous êtes d'accord?
☐ 4. Avec qui est-ce qu'il travaille?
☐ 5. Êtes-vous satisfaites?
☐ 6. Tu viens?
☐ 7. La réunion est à quelle heure?
☐ 8. À qui est cette écharpe?

B. Posez la question avec *est-ce que*. Imaginez la réponse.

1. Léo s'en va. Quand?
   – ***Quand est-ce que Léo s'en va?***
   – ***Il s'en va après-demain.***
2. Estelle travaille. Où?
3. Jim va à l'hôtel. Dans quel hôtel?
4. Ça marche. Comment?
5. Marc se repose. Pourquoi?
6. Roger réfléchit. À quoi?
7. Estelle téléphone. À qui?
8. Catherine mange. Quoi?

C. Posez la question avec *est-ce que*.

1. Elle vient <u>en train</u>.
   Comment est-ce qu'elle vient?
2. Elle arrive <u>demain</u>.
3. Elle arrive <u>à 9 heures</u>.
4. Ils habitent <u>à la campagne</u>.
5. Il va au travail <u>en jean</u>.
7. Elle prépare le café <u>pour ses collègues</u>.
6. Ils boivent <u>un café</u>.
8. Ça coûte <u>29 euros</u>.

D. Complétez avec *qui, que, qu'* ou *quoi*.

1. ________ est-ce qui se passe?
2. On mange ________ ce soir?
3. ________ est-ce que tu as invité?
4. ________ dites-vous?
5. À ________ est cette voiture?
6. ________ est-ce qu'ils vendent?
7. Avec ________ est-ce qu'il habite?
8. ________ est-ce que vous voulez faire?

7 La négation

1 *ne … pas*

– Vous travaillez?
*– Non, je **ne** travaille **pas**.*
– Vous habitez ici?
*Non, je **n'**habite **pas** ici.*

2 *ne… pas de*

- **un, une, des**

à la forme négative: **pas de**

– Tu as un fax?
*– Non, je **n'**ai **pas de** fax.*

- **du, de la, de l', des**

à la forme négative: **pas de**

– Tu veux du thé?
*– Non, je **ne** bois **pas de** thé.*

3 *ne … rien, ne … personne*

- *Rien* est la négation de *quelque chose.*

*– Tu vois **quelque chose**?*
*– Non, je **ne** vois **rien**.*

- *Personne* est la négation de *quelqu'un.*

*– Tu vois **quelqu'un**?*
*– Non, je **ne** vois **personne**.*

4 *ne … plus, ne … pas encore*

- *ne … plus* est la négation de *encore.*

*– Il dort **encore**?*
*– Non, il **ne** dort **plus**.*

- *ne … pas encore* est la négation de *déjà.*

*– Il dort **déjà**? – Non, il **ne** dort **pas encore**.*

5 *ne … jamais*

*Je **ne** prends **jamais** l'avion. (présent)*

6 *ne … que*

ne … que est une restriction. (= seulement)

*Ça **ne** coûte **que** 5€. = Ça coûte seulement 5€.*

7 La place de la négation

Remarquez la place de la négation dans les phrases suivantes:

*Je **n'**ai **pas** vu Léo. Il **n'**est **pas** venu.*
*Je **n'**ai **rien** vu. Je **n'**ai vu **personne**.*
*Elle **n'**a **jamais** pris l'avion.*
*Il **n'**a **pas encore** décidé.*
*Merci de **ne pas** fumer. **Ne** fume **pas**!*
***Ne** bougez **plus**!*

EXERCICES

A. Mettez à la forme négative.

1. Je connais Paris
   Je ne connais pas Paris.
2. Je suis française.
3. Il est architecte.
4. Elle travaille chez Renault.
5. Vous parlez français?
6. Ils habitent à Genève.
7. Elle voyage à l'étranger.
8. Ça va?

B. Enlevez la négation.

1. Tu n'as pas les clés?
   Tu as les clés?
2. Ils n'ont pas d'idées.
3. Vous n'avez pas de passeport?
4. Je n'ai pas le choix.
5. Elle n'a pas la nationalité belge.
6. Elle n'a pas de lunettes.
7. Je n'ai pas de nouvelles.
8. Il ne met pas de cravate.

C. Mettez à la forme négative.

1. Hier, il a plu.
   Hier, il n'a pas plu.
2. Elle est venue avec nous.
3. On a pris des photos.
4. Tu as lu le journal?
5. Il a acheté une maison.
5. J'ai eu de la chance.
6. Ils ont passé de bonnes vacances.
7. Ils sont passés par Paris.
8. À midi, j'ai mangé du poisson.

D. Répondez en utilisant *personne* ou *rien*.

1. Est-ce que tu sais quelque chose?
   – Non, je ne sais rien.
2. Bonjour, vous attendez quelqu'un?
3. Tu prends quelque chose? Un café?
4. Qui est-ce que vous connaissez ici?
5. Qu'est-ce qu'il a dit?
6. Qui est-ce que tu as invité ce soir?
7. Quelqu'un a appelé?
8. Qu'est-ce que tu as décidé?

8 La comparaison

1 Les comparatifs

A. La comparaison porte sur un adjectif ou sur un adverbe.

- Supériorité : ***plus … que***
  *Au travail, Luc est **plus** efficace **que** Paul.*
  *Luc travaille **plus** efficacement **que** Paul.*
- Infériorité : ***moins … que***
  *Le cinéma est **moins** cher **que** l'opéra.*
  *Le train va **moins** vite **que** l'avion.*
- Égalité : ***aussi … que***
  *En voiture, Luc est **aussi** prudent **que** Paul.*
  *Luc conduit **aussi** prudemment **que** Paul.*

B. La comparaison porte sur un nom.

- Supériorité : ***plus de … que***
  *Les Chinois mangent **plus de** riz **que** les Français.*
- Infériorité : ***moins de … que***
  *Paul gagne **moins d'**argent **que** Luc.*
- Égalité : ***autant de … que***
  *Cet hôtel a **autant de** chambres **que** l'autre.*

C. La comparaison porte sur un verbe.

- Supériorité : ***plus que***
  *Les enfants dorment **plus que** les adultes.*
- Infériorité : **moins que**
  *Luc parle **moins que** Paul.*
- Égalité : ***autant que***
  *Luc travaille **autant que** Paul.*

2 Les superlatifs

- Les superlatifs sont formés de ***le / la / les*** + ***moins / plus***. Le complément du superlatif est précédé de la préposition ***de***.
  *En superficie, la Russie est **le plus** grand pays **du** monde.*
  *Bombay est **la plus** grande ville **de** l'Inde.*

⚠ Attention aux comparatifs et aux superlatifs irréguliers :
– bon → **meilleur, le meilleur**. Ne dites pas « ~~plus bon~~ ».
– bien → **mieux, le mieux**. Ne dites pas « ~~plus bien~~ ».
*Le café est **meilleur** sans sucre.*
*Sarah est **la meilleure** élève de la classe.*
*Luc écrit **mieux que** Paul.*

EXERCICES

A. Faites des phrases avec *plus … que* (+), *moins … que* (–), *aussi … que* (=).

1. Le pétrole / l'eau : rare (+)
   Le pétrole est plus rare que l'eau.
2. Une chaise / un fauteuil : confortable (–)
3. L'or / le cuivre : précieux (+)
4. La soie / le coton : légère (+)
5. L'avion / la fusée : rapide (–)
6. Un croissant / une baguette : cher (=)

B. Présentez les produits suivants avec des superlatifs de supériorité.

1. Le TGV : un train rapide.
   Le TGV, c'est le train le plus rapide.
2. Le jeu d'échecs : un jeu intéressant.
3. La Ferrari 250 GT : une voiture chère.
4. Les cerises : des fruits sucrés.
5. L'aspirateur TX : un aspirateur puissant.
6. Les lunettes Mikki : de bonnes lunettes.

C. Complétez avec un comparatif.

1. Les Français boivent moins de thé que les Anglais.
2. Les Japonais mangent ______ poisson ______ les Polonais.
3. Les Grecs mangent ______ pâtes ______ les Italiens.
4. Les Vietnamiens mangent ______ riz ______ les Allemands.
5. Les Arabes boivent ______ vin ______ les Français.

D. Complétez avec un comparatif.

En général, les femmes :

1. dorment ***autant que*** les hommes ;
2. fument ______ les hommes ;
3. travaillent ______ les hommes ;
4. gagnent ______ les hommes ;
5. dépensent ______ les hommes.

9 L'expression du lieu

1 Continents, pays, villes

• On utilise *en*, *à*, et *aux* pour indiquer le lieu où on est / où on va.

Je suis / je vais **à** *Rome* (*à* + ville)
en *Russie* (*en* + pays féminin)
en *Asie* (*en* + continent)
en *Iran* (*en* + pays masculins commençant par une voyelle)
au *Pérou* (*au* + pays masculin)
aux *Pays-Bas* (*aux* + pays pluriel)

⚠ En général, les pays qui se terminent par « e » sont féminins : la France, la Pologne, etc. Exceptions : le Mexique, le Cambodge, le Zaïre, le Zimbabwe, le Mozambique.
Les autres sont masculins : le Brésil, le Japon, le Portugal, le Viet-nam, etc.

• On utilise **de** ou **du** ou **d'** pour indiquer le lieu d'où on vient.

Je viens **de** *Bruxelles* (*de* + ville)
de *Turquie* (*de* + pays féminin)
du *Japon* (*du* + pays masculin)
d'*Irlande* (*d'* devant un voyelle)

2 Intérieur et extérieur, distance et direction

• L'intérieur : ***à l'intérieur de, dans, chez***
dans *une entreprise,* ***chez*** *IBM*

• L'extérieur : ***à l'extérieur de, hors de, dehors, en dehors de***
Entrez, ne restez pas ***dehors*** *!*

• La distance : ***loin de, à côté de, près de***
Il travaille ***loin de*** *son domicile.*

• La direction : ***vers, tout droit, à (votre) droite / gauche, sur votre droite / gauche, au bout de***
Continuez ***tout droit, vers*** *l'église, prenez la deuxième rue* ***à gauche*** *et allez jusqu'****au bout de*** *cette rue.*

3 Haut et bas, devant et derrière

• Le haut : ***sur, en haut de, au-dessus de***
sur *la table,* ***en haut de*** *la page,* ***au-dessus de*** *la mer*

• Le bas : ***sous, en bas de, au-dessous de***

• Le devant : ***devant, en face de***

• Le derrière : ***derrière***

4 Les pronoms « y » et « en »

• *y* indique le lieu où on est, le lieu où on va.
La France ? Nous ***y*** *habitons.*
L'Italie ? Nous ***y*** *allons souvent.*

• ***en*** indique le lieu d'où on vient.
– Vous venez de Paris ?
*– Oui, j'****en*** *viens.*

EXERCICES

A. Complétez. Imaginez un nom de pays.

1. J'aime beaucoup le *Canada.*
2. L'année prochaine, il retourne en ________.
3. Vous partez quand au ________ ?
4. Il prend l'avion pour l'________.
5. Vous connaissez la ________ ?
6. Je travaille aux ________.

B. Complétez avec une préposition.

1. – Tu vas *en* Afrique ?
   – Oui, je vais ________ Congo.
2. – Vous arrivez d'où ? ________ Thaïlande ?
   – Non, ________ Japon, ________ Tokyo.
3. – Elle part ________ Italie, n'est-ce pas ?
   – Non, elle revient ________ Italie, et elle repart ________ Israël, ________ Jérusalem.

C. Imaginez une réponse avec le pronom *y*.

1. – Quel jour est-ce que tu vas chez Paul ?
   – J'y vais lundi.
2. – Vous restez à Paris deux ou trois jours ?
   – ________________________
3. – Tu seras chez toi à quelle heure ce soir ?
   – ________________________
4. – Il est au Brésil pour le travail ou pour visiter ?
   – ________________________
5. – Vous allez souvent au cinéma ?
   – ________________________
6. – Vous pouvez aller à la réunion demain ?
   – ________________________
7. – Ils habitent au Caire depuis longtemps ?
   – ________________________
8. – Vous êtes déjà allé en Asie ?
   – ________________________

10 Les indicateurs de temps

1 Situer dans le temps

- **La date et la saison**

Les jours de la semaine
lundi *avant-hier* mardi *hier* mercredi ***aujourd'hui*** jeudi *demain* vendredi *après-demain* samedi dimanche

Les mois de l'année	Les saisons de l'année
janvier février mars avril mai juin juillet août septembre octobre novembre décembre	le 20 ou 21 mars : le printemps le 20 ou 21 juin : l'été le 22 ou 23 septembre : l'automne le 21 ou 22 décembre : l'hiver

en *2015*
en *hiver,* ***en*** *été,* ***en*** *automne,* ***au*** *printemps*
au mois de *mai,* ***en*** *mai.*
Nous sommes (le) ***jeudi 5 mai****.*

- ***à partir de*** indique un point de départ.
  À partir de *demain, je ne fume plus.*
- ***jusqu'à*** indique un point d'arrivée.
  Hier soir, j'ai travaillé ***jusqu'à*** *minuit.*
- ***de … à…*** indique le point de départ et le point d'arrivée.
  Je travaille ***de*** *8 heures* ***à*** *midi,* ***du*** *lundi* ***au*** *vendredi.*
- ***il y a*** indique un moment du passé.
  Il est parti ***il y a*** *trois jours.*
- ***dans*** indique un moment dans le futur.
  Je pars ***dans*** *deux semaines.*
- ***quand*** relie deux propositions.
  Dis-moi ***quand*** *tu reviens.*

2 Dire la durée

- ***pendant*** indique la durée de l'action.
  Pendant *les vacances, je me suis reposé.*

⚠ On peut exprimer une durée chiffrée sans préposition.
J'ai dormi ***deux heures****.*

- ***pour*** indique une durée prévue.
  Vous partez ***pour*** *combien de temps ?*
- ***en*** indique la durée nécessaire pour réaliser l'action.
  Il a écrit ce livre ***en*** *cinq mois.*
- ***depuis*** indique une durée qui continue.
  Il travaille chez Peugeot ***depuis*** *deux ans.*

EXERCICES

A. Complétez avec *depuis* ou *il y a*.

1. Il travaille chez Fimex ________ dix ans.
2. Je suis allé à Rio ________ deux semaines.
3. J'ai vu Paul ________ deux jours.
4. Je suis en vacances ________ hier.
5. Vous attendez ________ longtemps ?

B. Choisissez la bonne réponse.

1. Ils ont visité Paris ________ deux jours.
   ☐ dans ☐ en
2. Elle a dormi ________ toute la réunion.
   ☐ dans ☐ pendant
3. Nous allons partir ________ une semaine.
   ☐ dans ☐ en
4. On reprend le boulot ________ trois jours.
   ☐ dans ☐ à partir de
5. Personne ne sait ________ il arrive.
   ☐ depuis ☐ quand
6. Ils vont rester à Paris ________ mars.
   ☐ pour ☐ jusqu'en
7. J'ai travaillé chez Fimex ________ 2010.
   ☐ quand ☐ jusqu'en
8. Elle est partie ________ toujours.
   ☐ pour ☐ à partir de

C. Complétez les phrases en utilisant un indicateur de temps.

1. J'apprends le français ________
2. Je vais prendre des vacances ________
3. J'ai fait les exercices ________
4. Je connais ________
5. Je ne travaille pas ________
6. J'ai rencontré ________
7. J'ai la même montre ________
8. Les magasins sont ouverts ________

11 Les constructions du verbe

1 Les verbes intransitifs

Ils sont employés seuls : ils n'ont pas de complément d'objet.

Sarah dort.
Paul déjeune.

2 Les verbes transitifs directs

Ils sont suivis d'un complément d'objet direct (COD), c'est-à-dire d'un complément qui n'est pas précédé d'une préposition.

- **Le COD peut être un nom ou un pronom.**
  Il connaît le directeur.
  Il le connaît.
- **Le COD peut être un infinitif**
  Elle veut partir.
  Vous pouvez sortir.
- **Le COD peut être une proposition introduite par *que*.**
  Je crois que Pierre est en réunion.
  Je pense qu'elle dit la vérité.

3 Les verbes transitifs indirects

Ils sont suivis d'un complément d'objet indirect (COI), c'est-à-dire d'un complément précédé d'une préposition.
Cette préposition est généralement *à* ou *de*.

Pierre téléphone à Sarah.
Ils parlent de l'affaire Cerise.

4 Les verbes pronominaux

Ils se conjuguent avec un pronom dit « réfléchi ».

Je me souviens de Pierre.
Tu te lèves à quelle heure le matin ?
Il s'adapte vite.

⚠ Au passé composé, on utilise l'auxiliaire *être*.

Je me suis couché tard.
Elle s'est fâchée tout de suite.
Ils se sont rencontrés hier soir.

5 Les verbes impersonnels

Ils ne s'emploient qu'à la troisième personne du singulier. Ils sont impersonnels parce que le sujet ***il*** ne désigne rien (aucune personne, aucune chose).

Il pleut. Il neige.
Il faut partir.
Il manque une chaise.
Il reste deux exercices à faire.

EXERCICES

A. Complétez le verbe avec un nom.

1. Je regarde ***la télévision***	le journal
2. Je lis ______	***la télévision***
3. J'écoute ______	le français
4. Je collectionne ______	la radio
5. J'étudie ______	les timbres

B. Dans les phrases de l'exercice A, remplacez le nom par un pronom.

1. *Je la regarde.*
2. *Je…*

C. Complétez les phrases avec un nom.

1. Le Président a parlé aux ***journalistes.***
2. Je ne comprends pas les ______
3. Il veut inviter tous ses ______
4. Cette montre appartient à sa ______
5. Il ne peut pas supporter son ______
6. La semaine dernière, j'ai rencontré le ______
7. Je téléphone souvent à mes ______

D. Dans les phrases de l'exercice C, remplacez le nom par un pronom.

1. *Le Président **leur** a parlé.*
2. *Je ne…*

E. Choisissez le verbe correct.

1. Il ______ les renseignements.
   ☐ appelle ☐ s'appelle
2. Elle ______ les enfants à 8 heures.
   ☐ couche ☐ se couche
3. Tu ______ à quelle heure ?
   ☐ lèves ☐ te lèves
4. Paul et Sarah ______.
   ☐ aiment ☐ s'aiment
5. Mais ils ______ souvent.
   ☐ disputent ☐ se disputent

12 Les pronoms personnels

1 Pronoms sujets et pronoms toniques

Pronoms toniques	Pronoms sujets	Exemples
moi	je	***Moi, je*** *travaille chez Peugeot.*
toi	tu	*Et* ***toi****, qu'est-ce que* ***tu*** *fais?*
lui	il	***Lui, il*** *connaît la vérité.*
elle	elle	***Elle, elle*** *comprend vite.*
nous	on	***Nous, on*** *aime voyager.*
nous	nous	***Nous, nous*** *sommes canadiens.*
vous	vous	*Et* ***vous, vous*** *êtes français?*
eux	ils	***Eux, ils*** *sont à Paris.*
elles	elles	***Elles, elles*** *sont à Budapest.*

- ***vous*** peut désigner:
  – une personne (*vous* de politesse);
  – plusieurs personnes (*vous* collectif).
- ***on*** peut désigner:
  – *nous* (langue parlée):
  On *mange à quelle heure ?*
  – *quelqu'un* (une personne indéterminée):
  On *frappe à la porte. Tu peux ouvrir?*
  – *les gens* en général (indéfini):
  En France, ***on*** *parle français.*
- On peut utiliser les pronoms toniques après une préposition.
  À qui est cette tasse? Elle est ***à toi****?*
  Je te téléphone demain, tu es ***chez toi****?*

2 Pronoms compléments

- ***le / la / l' / les***

sont des pronoms compléments **directs** et remplacent des noms de **choses** ou de **personnes**.

– Tu vois Paul?
– Je ***l'****ai vu hier et je* ***le*** *vois demain.*

- ***lui / leur***

sont des pronoms compléments **indirects** et remplacent des noms de **personnes** uniquement.

– Tu as écrit aux Dupont?
– Je vais ***leur*** *écrire.*

- ***m(e) / t(e) / nous / vous***

sont des pronoms **directs** et **indirects**.

– Il ***t'****a appelé?*
– Il ***m'****appelle rarement.*

3 Place du pronom

- Avec la négation, on met le pronom entre la première négation et le verbe.
  Je ne ***le*** *vois pas. Je ne* ***lui*** *parle pas.*
- À l'impératif affirmatif, on met le pronom après le verbe.
  *Téléphonez-****lui****! Appelez-****le****!*

EXERCICES

A. Complétez.

1. C'est mon parapluie: ***il est à moi.***
2. C'est ta montre: elle est ________
3. Ce sont les gants de Sarah: ________
4. C'est la veste de Bill: ________
5. C'est la maison des sœurs Brontë: ________
6. C'est la voiture des frères Martin: ________

B. Complétez avec *plus … que* et un pronom tonique.

1. Paul est sympathique, mais Sébastien est ***plus sympathique que lui.***
2. Eva est jolie, mais Julie est…
3. Tu es fort, mais Paul est…
4. Je suis désordonné, mais tu…
5. Ils sont riches, mais on est…

C. Répondez en utilisant un pronom complément.

1. – Vous avez téléphoné à *Mme Beck*?
   – Oui, je ***lui ai téléphoné.***
2. – Tu as demandé *le prix*?
   – Oui, je ________________
3. – Tu as demandé au *vendeur*?
   – Oui, je ________________
4. – Est-ce que Pauline *t'*a expliqué?
   – Oui, elle ________________
5. – Vous avez répondu aux *Dupont*?
   – Oui, je ________________
6. – Est-ce que vous *me* comprenez?
   – Désolé, je ________________
7. – Tu peux poster *cette lettre*?
   – Oui, je________________
8. – Vous avez vu *les clés du tiroir*?
   – Non, je ________________

13 Les pronoms relatifs

Les pronoms relatifs relient deux phrases. Ils remplacent un nom et évitent les répétitions.

1 *qui* : sujet

qui est sujet et peut remplacer une personne ou une chose.

- ***qui* remplace une personne.**
  J'ai une amie. Elle travaille chez Michelin.
  *J'ai une amie **qui** travaille chez Michelin.*
- ***qui* remplace une chose.**
  Je connais un magasin. Il vend des tapis.
  *Je connais un magasin **qui** vend des tapis.*

2 *que* : complément d'objet direct (COD)

que est COD et peut remplacer une personne ou une chose.

- ***que* remplace une personne.**
  J'attends une personne. Tu connais cette personne.
  *J'attends une personne **que** tu connais.*
- ***que* remplace une chose.**
  J'ai trouvé un travail. J'aime ce travail.
  *J'ai trouvé un travail **que** j'aime.*

⚠ *que* devient *qu'* devant une voyelle ou un *h* muet.
J'ai fait une offre. Il a refusé mon offre.
*J'ai fait une offre **qu'**il a refusée.*

3 *où* : complément de lieu ou de temps

- **Complément de lieu**
  La banque est à Paris. Il travaille dans cette banque.
  *La banque **où** il travaille est à Paris.*

⚠ *où* s'emploie aussi après les prépositions *de* et *par*.
*Je ne sais pas **d'où** il vient.*
***Par où** faut-il passer pour aller à la poste ?*

- **Complément de temps**
  *J'aime le mois d'août. C'est le mois **où** il fait beau.*

4 *C'est / Ce sont … qui / que…*

Pour mettre l'accent sur un élément de la phrase.
*Comme sport, **c'est** le golf **que** je préfère.*
***Ce sont** des conditions **qui** sont inacceptables.*

⚠ Remarquez l'accord du verbe dans les phrases suivantes :
*C'est **moi** qui **ai** raison.*
*C'est **toi** qui **as** dit ça ?*
*Ce sont **eux** qui **sont** responsables.*

EXERCICES

A. Complétez avec un pronom relatif.

1. C'est quelqu'un ______ je connais bien.
2. C'est mon cœur ______ bat.
3. C'est un livre ______ j'ai déjà lu.
4. C'est un pays ______ j'ai voyagé.
5. C'est l'homme ______ elle aime.
6. C'est Pierre ______ a raison.
7. C'est le téléphone ______ a sonné.
8. C'est une région ______ il fait beau.
9. C'est le directeur ______ décide.
10. C'est le bureau ______ il travaille.

B. Faites une seule phrase avec un pronom relatif.

1. J'ai un nouveau collègue. Il est grec.
   J'ai un nouveau collègue qui est grec.
2. J'étais à une réunion. Elle a duré trois heures.
   ______
3. J'ai invité des amis. Tu ne les connais pas.
   ______
4. Voilà la maison. J'ai passé mon enfance dans cette maison.
   ______
5. J'ai trouvé le livre. Il cherchait ce livre depuis hier.
   ______

Tableaux des conjugaisons

	INFINITIF	INDICATIF				IMPÉRATIF Présent
		Présent	Futur	Passé Composé	Imparfait	
AUXILIAIRES	**Être**	Je suis Tu es Il est Nous sommes Vous êtes Ils sont	Je serai Tu seras Il sera Nous serons Vous serez Ils seront	J'ai été Tu as été Il a été Nous avons été Vous avez été Ils ont été	J'étais Tu étais Il était Nous étions Vous étiez Ils étaient	Sois Soyons Soyez
	Avoir	J'ai Tu as Il a Nous avons Vous avez Ils ont	J'aurai Tu auras Il aura Nous aurons Vous aurez Ils auront	J'ai eu Tu as eu Il a eu Nous avons eu Vous avez eu Ils ont eu	J'avais Tu avais Il avait Nous avions Vous aviez Ils avaient	Aie Ayons Ayez
VERBES RÉGULIERS	**Parler**	Je parle Tu parles Il parle Nous parlons Vous parlez Ils parlent	Je parlerai Tu parleras Il parlera Nous parlerons Vous parlerez Ils parleron~~s~~t	J'ai parlé Tu as parlé Il a parlé Nous avons parlé Vous avez parlé Ils ont parlé	Je parlais Tu parlais Il parlait Nous parlions Vous parliez Ils parlaient	Parle Parlons Parlez
	Se présenter	Je me présente Tu te présentes Il se présente Nous nous présentons Vous vous présentez Ils se présentent	Je me présenterai Tu te présenteras Il se présentera Nous nous présenterons Vous vous présenterez Ils se présenteront	Je me suis présenté Tu t'es présenté Il s'est présenté Nous nous sommes présentés Vous vous êtes présentés Ils se sont présentés	Je me présentais Tu te présentais Il se présentait Nous nous présentions Vous vous présentiez Ils se présentaient	Présente-toi Présentons-nous Présentez-vous
	Finir	Je finis Tu finis Il finit Nous finissons Vous finissez Ils finissent	Je finirai Tu finiras Il finira Nous finirons Vous finirez Ils finiront	J'ai fini Tu as fini Il a fini Nous avons fini Vous avez fini Ils ont fini	Je finissais Tu finissais Il finissait Nous finissions Vous finissiez Ils finissaient	Finis Finissons Finissez
VERBES TRÈS IRRÉGULIERS	**Aller**	Je vais Tu vas Il va Nous allons Vous allez Ils vont	J'irai Tu iras Il ira Nous irons Vous irez Ils iront	Je suis allé Tu es allé Il est allé Nous sommes allés Vous êtes allés Ils sont allés	J'allais Tu allais Il allait Nous allions Vous alliez Ils allaient	Va Allons Allez
	Faire	Je fais Tu fais Il fait Nous faisons Vous faites Ils font	Je ferai Tu feras Il fera Nous ferons Vous ferez Ils feront	J'ai fait Tu as fait Il a fait Nous avons fait Vous avez fait Ils ont fait	Je faisais Tu faisais Il faisait Nous faisions Vous faisiez Ils faisaient	Fais Faisons Faites
	Pouvoir	Je peux Tu peux Il peut Nous pouvons Vous pouvez Ils peuvent	Je pourrai Tu pourras Il pourra Nous pourrons Vous pourrez Ils pourront	J'ai pu Tu as pu Il a pu Nous avons pu Vous avez pu Ils ont pu	Je pouvais Tu pouvais Il pouvait Nous pouvions Vous pouviez Ils pouvaient	
	Savoir	Je sais Tu sais Il sait Nous savons Vous savez Ils savent	Je saurai Tu sauras Il saura Nous saurons Vous saurez Ils sauront	J'ai su Tu as su Il a su Nous avons su Vous avez su Ils ont su	Je savais Tu savais Il savait Nous savions Vous saviez Ils savaient	Sache Sachons Sachez
	Venir	Je viens Tu viens Il vient Nous venons Vous venez Ils ~~vont~~ viennent	Je viendrai Tu viendras Il viendra Nous viendrons Vous viendrez Ils viendront	Je suis venu Tu es venu Il est venu Nous sommes venus Vous êtes venus Ils sont venus	Je venais Tu venais Il venait Nous venions Vous veniez Ils venaient	Viens Venons Venez

	INFINITIF	INDICATIF Présent	Futur	Passé composé	Imparfait	IMPÉRATIF Présent
VERBES TRÈS IRRÉGULIERS	**Vouloir**	Je veux Tu veux Il veut Nous voulons Vous voulez Ils veulent	Je voudrai Tu voudras Il voudra Nous voudrons Vous voudrez Ils voudront	J'ai voulu Tu as voulu Il a voulu Nous avons voulu Vous avez voulu Ils ont voulu	Je voulais Tu voulais Il voulait Nous voulions Vous vouliez Ils voulaient	Veuille/veux Voulons Veuillez/voulez
VERBES IRRÉGULIERS	**Appeler**	J'appelle Nous appelons Ils appellent	J'appellerai Nous appellerons Ils appelleront	J'ai appelé Nous avons appelé Ils ont appelé	J'appelais Nous appelions Ils appelaient	Appelle Appelons Appelez
	(s') Asseoir	Je m'assieds Nous nous asseyons Ils s'asseyent	Je m'assiérai Nous nous assiérons Ils s'assiéront	Je me suis assis Nous nous sommes assis Ils se sont assis	Je m'asseyais Nous nous asseyions Ils s'asseyaient	Assieds-toi Asseyons-nous Asseyez-vous
	Attendre	J'attends Nous attendons Ils attendent	J'attendrai Nous attendrons Ils attendront	J'ai attendu Nous avons attendu Ils ont attendu	J'attendais Nous attendions Ils attendaient	Attends Attendons Attendez
	Boire	Je bois Nous buvons Ils boivent	Je boirai Nous boirons Ils boiront	J'ai bu Nous avons bu Ils ont bu	Je buvais Nous buvions Ils buvaient	Bois Buvons Buvez
	Conduire	Je conduis Nous conduisons Ils conduisent	Je conduirai Nous conduirons Ils conduiront	J'ai conduit Nous avons conduit Ils ont conduit	Je conduisais Nous conduisions Ils conduisaient	Conduis Conduisons Conduisez
	Connaître	Je connais/Il connaît Nous connaissons Ils connaissent	Je connaîtrai Nous connaîtrons Ils connaîtront	J'ai connu Nous avons connu Ils ont connu	Je connaissais Nous connaissions Ils connaissaient	Connais Connaissons Connaissez
	Croire	Je crois Nous croyons Ils croient	Je croirai Nous croirons Ils croiront	J'ai cru Nous avons cru Ils ont cru	Je croyais Nous croyions Ils croyaient	Crois Croyons Croyez
	Devoir	Je dois Nous devons Ils doivent	Je devrai Nous devrons Ils devront	J'ai dû Nous avons dû Ils ont dû	Je devais Nous devions Ils devaient	
	Dire	Je dis Nous disons Vous dites / Ils disent	Je dirai Nous dirons Ils diront	J'ai dit Nous avons dit Ils ont dit	Je disais Nous disions Ils disaient	Dis Disons Dites
	Dormir	Je dors Nous dormons Ils dorment	Je dormirai Nous dormirons Ils dormiront	J'ai dormi Nous avons dormi Ils ont dormi	Je dormais Nous dormions Ils dormaient	Dors Dormons Dormez
	Écrire	J'écris Nous écrivons Ils écrivent	J'écrirai Nous écrirons Ils écriront	J'ai écrit Nous avons écrit Ils ont écrit	J'écrivais Nous écrivions Ils écrivaient	Écris Écrivons Écrivez
	Envoyer	J'envoie Nous envoyons Ils envoient	J'enverrai Nous enverrons Ils enverront	J'ai envoyé Nous avons envoyé Ils ont envoyé	J'envoyais Nous envoyions Ils envoyaient	Envoie Envoyons Envoyez
	Éteindre	J'éteins Nous éteignons Ils éteignent	J'éteindrai Nous éteindrons Ils éteindront	J'ai éteint Nous avons éteint Ils ont éteint	J'éteignais Nous éteignions Ils éteignaient	Éteins Éteignons Éteignez
	Falloir	Il faut	Il faudra	Il a fallu	Il fallait	
	Jeter	Je jette Nous jetons Ils jettent	Je jetterai Nous jetterons Ils jetteront	J'ai jeté Nous avons jeté Ils ont jeté	Je jetais Nous jetions Ils jetaient	Jette Jetons Jetez
	Lire	Je lis Nous lisons Ils lisent	Je lirai Nous lirons Ils liront	J'ai lu Nous avons lu Ils ont lu	Je lisais Nous lisions Ils lisaient	Lis Lisons Lisez
	Mettre	Je mets Nous mettons Ils mettent	Je mettrai Nous mettrons Ils mettront	J'ai mis Nous avons mis Ils ont mis	Je mettais Nous mettions Ils mettaient	Mets Mettons Mettez

	INFINITIF	INDICATIF Présent	Futur	Passé Composé	Imparfait	IMPÉRATIF Présent
VERBES IRRÉGULIERS	Mourir	Je meurs Nous mourons Ils meurent	Je mourrai Nous mourrons Ils mourront	Je suis mort Tu es mort Ils sont morts	Je mourais Nous mourions Ils mouraient	Meurs Mourons Mourez
	Naître	Je nais Nous naissons Ils naissent	Je naîtrai Nous naîtrons Ils naîtront	Je suis né Nous sommes nés Ils sont nés	Je naissais Nous naissions Ils naissaient	Nais Naissons Naissez
	Offrir	J'offre Nous offrons Ils offrent	J'offrirai Nous offrirons Ils offriront	J'ai offert Nous avons offert Ils ont offert	J'offrais Nous offrions Ils offraient	Offre Offrons Offrez
	Partir	Je pars Nous partons Ils partent	Je partirai Nous partirons Ils partiront	Je suis parti Nous sommes partis Ils sont partis	Je partais Nous partions Ils partaient	Pars Partons Partez
	Payer	Je paie/paye Nous payons Ils paient/payent	Je paierai Nous paierons Ils paieront	J'ai payé Nous avons payé Ils ont payé	Je payais Nous payions Ils payaient	Paie/paye Payons Payez
	Plaire	Je plais / Il plaît Nous plaisons Ils plaisent	Je plairai Nous plairons Ils plairont	J'ai plu Nous avons plu Ils ont plu	Je plaisais Nous plaisions Ils plaisaient	Plais Plaisons Plaisez
	Pleuvoir	Il pleut	Il pleuvra	Il a plu	Il pleuvait	
	Prendre	Je prends Nous prenons Ils prennent	Je prendrai Nous prendrons Ils prendront	J'ai pris Nous avons pris Ils ont pris	Je prenais Nous prenions Ils prenaient	Prends Prenons Prenez
	Recevoir	Je reçois Nous recevons Ils reçoivent	Je recevrai Nous recevrons Ils recevront	J'ai reçu Nous avons reçu Ils ont reçu	Je recevais Nous recevions Ils recevaient	Reçois Recevons Recevez
	Répondre	Je réponds Nous répondons Ils répondent	Je répondrai Nous répondrons Ils répondront	J'ai répondu Nous avons répondu Ils ont répondu	Je répondais Nous répondions Ils répondaient	Réponds Répondons Répondez
	Rire	Je ris Nous rions Ils rient	Je rirai Nous rirons Ils riront	J'ai ri Nous avons ri Ils ont ri	Je riais Nous riions Vous riiez	Ris Rions Riez
	Servir	Je sers Nous servons Ils servent	Je servirai Nous servirons Ils serviront	J'ai servi Nous avons servi Ils ont servi	Je servais Nous servions Ils servaient	Sers Servons Servez
	Sortir	Je sors Nous sortons Ils sortent	Je sortirai Nous sortirons Ils sortiront	Je suis sorti Nous sommes sortis Ils sont sortis	Je sortais Nous sortions Ils sortaient	Sors Sortons Sortez
	Suivre	Je suis Nous suivons Ils suivent	Je suivrai Nous suivrons Ils suivront	J'ai suivi Nous avons suivi Ils ont suivi	Je suivais Nous suivions Ils suivaient	Suis Suivons Suivez
	Tenir	Je tiens Nous tenons Ils tiennent	Je tiendrai Nous tiendrons Ils tiendront	J'ai tenu Nous avons tenu Ils ont tenu	Je tenais Nous tenions Ils tenaient	Tiens Tenons Tenez
	Vendre	Je vends Nous vendons Ils vendent	Je vendrai Nous vendrons Ils vendront	J'ai vendu Nous avons vendu Ils ont vendu	Je vendais Nous vendions Ils vendaient	Vends Vendons Vendez
	Vivre	Je vis Nous vivons Ils vivent	Je vivrai Nous vivrons Ils vivront	J'ai vécu Nous avons vécu Ils ont vécu	Je vivais Nous vivions Ils vivaient	Vis Vivons Vivez
	Voir	Je vois Nous voyons Ils voient	Je verrai Nous verrons Ils verront	J'ai vu Nous avons vu Ils ont vu	Je voyais Nous voyions Ils voyaient	Vois Voyons Voyez
	Voyager	Je voyage Nous voyageons Ils voyagent	Je voyagerai Nous voyagerons Ils voyageront	J'ai voyagé Nous avons voyagé Ils ont voyagé	Je voyageais Nous voyagions Ils voyageaient	Voyage Voyageons Voyagez

Transcription des enregistrements

1 Premiers contacts

1.2

un avion, un taxi, des sports, une caméra, une bicyclette, des restaurants, un passeport, un cinéma.

1.3

A. Un ticket.
B. Bonjour, monsieur.
A. Bonjour, un ticket.
B. Pardon ?
A. Un ticket, s'il vous plaît.
B. Un euro.
A. Pardon ?
B. Un euro, s'il vous plaît.
A. Voilà.
B. Merci, au revoir, monsieur.
A. Au revoir.

1.5

Dialogue 1
A. Bonjour, je voudrais trois tickets, s'il vous plaît.
B. Pardon ?
A. Trois tickets, s'il vous plaît.
B. Voilà.
A. Merci.

Dialogue 2
A. Bonjour, je voudrais dix tickets, s'il vous plaît.
B. Un carnet, alors.
A. Oui, c'est ça, un carnet de dix, s'il vous plaît.

Dialogue 3
A. Bonjour, je voudrais cinq tickets, s'il vous plaît.
B. Ça fait cinq euros.
A. Voilà deux, et deux quatre, et un cinq.
B. Merci.

1.6

(*John*) Bonjour, je m'appelle John. Je suis anglais, mais j'habite à Paris.
(*Ingrid*) Bonjour. Moi, je suis Ingrid. Je suis allemande. Je suis étudiante à Genève. Je parle anglais, français, allemand. J'ai 19 ans.
(*Fabien*) Bonjour. Moi, je m'appelle Fabien. Je suis français. J'habite à Lyon. Je parle français et italien. J'ai 40 ans. Et vous ?

1.7

1. John est anglais.
2. Il habite à Paris.
3. Elle s'appelle Ingrid.
4. Elle est allemande.
5. Elle est étudiante.
6. Elle a 19 ans.
7. Fabien est français.
8. Il habite à Lyon.
9. Il parle français et italien.
10. Il a 40 ans.

1.8

vingt et un… vingt-deux… vingt-trois… vingt-quatre… vingt-cinq… vingt-six… vingt-sept… vingt-huit… vingt-neuf… trente… trente et un… trente-deux… quarante… cinquante… soixante… soixante et un… soixante-deux… soixante-trois… soixante-neuf.

1.9

– Bonjour, je m'appelle Aïssa. Je suis marocaine, j'habite à Rabat, je parle arabe et français. J'ai 32 ans.
– Bonjour, moi, je m'appelle Bin. Je suis chinois. J'ai 44 ans. J'habite à Pékin.
– Bonjour, moi, je m'appelle Batacar. Je suis sénégalais, j'habite à Dakar. J'ai 50 ans.
– Bonjour, je suis Lara, j'ai 21 ans. Je suis turque, j'habite à Istanbul.

1.11

1. A. Tu vas bien ?
   B. Oui, et toi ?
2. A. Vous allez bien ?
   B. Ça va, merci.
3. A. Vous êtes Léo Maçon ?
   B. Oui, c'est moi.
4. A. Vous pouvez épeler votre nom ?
   B. M-A-C cédille-O-N.
5. A. Vous parlez français ?
   B. Oui, un peu.

1.13

A. Qui est-ce ?
B. C'est Pierre Dumas.
A. Qu'est-ce qu'il fait ?
B. Il est comptable.
A. Il travaille où ?
B. Chez Mobilis. C'est une entreprise française. Elle fait des meubles.

1.14

A. Qui est-ce ?
B. C'est Vanessa Lopez.
A. Elle est espagnole ?
B. Non, elle est française.
A. Qu'est-ce qu'elle fait ?
B. Elle est ingénieur.
A. Elle travaille où ?
B. À Tokyo, chez Nissan.
A. Nissan ?
B. C'est une entreprise japonaise. Elle fait des voitures.

1.15

A. Vous travaillez où ?
B. Je travaille chez Bic. C'est une entreprise française. Elle vend des stylos. Vous connaissez Bic ?
A. Oui, bien sûr. Qu'est-ce que vous faites chez Bic ?
B. Je suis vendeur.
A. Qu'est-ce que vous vendez ?
B. Je vends des stylos.

1.16

soixante-dix... soixante et onze... soixante-douze... soixante-treize... quatre-vingts... quatre-vingt-un... quatre-vingt-deux... quatre-vingt-dix... quatre-vingt-onze... quatre-vingt-douze... quatre-vingt-dix-huit... quatre-vingt-dix-neuf.

1.17

A. Société KM2, bonjour.
B. Bonjour, je voudrais parler à monsieur Leduc, s'il vous plaît.
A. Je regrette, mais monsieur Leduc est absent. C'est de la part de qui ?
B. Je suis madame Catalla. Est-ce que monsieur Leduc peut me rappeler ?
A. Oui, bien sûr. Quel est votre numéro de téléphone ?
B. C'est le 01 74 82...
A. 01 74 82...
B. 92 92.
A. 92 deux fois ?
B. Oui, c'est ça. Bon, maintenant, je vous donne mon e-mail.
A. Votre e-mail ?

1.18

B. Oui, alors, mon e-mail, c'est g.catalla@wanadoo.fr
A. Vous pouvez épeler, s'il vous plaît ?
B. Oui, alors, G, comme Georges, point, catalla, arobase...
A. Et catalla, ça s'écrit comment ?
B. C-A-T-A-L-L-A.
A. Deux L ?
B. Oui, c'est ça.
A. Et ensuite...
B. Alors, deux L-A, arobase, wanadoo, point, fr
A. Vous pouvez répéter, s'il vous plaît ?
B. Alors, g.catalla@wanadoo.fr
A. Merci.
B. Maintenant, je vous donne mon adresse.
A. Votre adresse ?
B. Oui, alors, mon adresse, c'est...

1.19

1. A. Bonjour, vous êtes Sarah ?
   B. Oui.
   A. Je suis Paul Beck.
   B. Ah, monsieur Beck, enchantée.
2. A. Excusez-moi, qu'est-ce que vous faites ?
   B. Je travaille.
   A. Pardon ?
   B. Je dis que je travaille.
   A. Ah bon, vous travaillez !
3. A. Société KM2, bonjour.
   B. Bonjour, madame, je suis Paul Beck.
   A. Ah, monsieur Beck, comment allez-vous ?
4. A. Vous avez un numéro de téléphone ?
   B. Oui, alors, c'est le 01 54 54 10 11.
   A. 01 54 54 10 11.
   B. C'est ça.
5. A. Vous connaissez Bic ?
   B. Pardon ?
   A. Bic, vous connaissez ?
   B. Non, qu'est-ce que c'est ?
   A. C'est une entreprise.
   B. Une entreprise ? Qu'est-ce qu'elle fait ?
   A. Des stylos, des rasoirs, des briquets...

1.20

1. une radio
2. une idée
3. un problème
4. une Polonaise
5. C'est un collègue.
6. C'est une Parisienne.
7. Il est grec.
8. Elle est journaliste.

1.21

1. Ça va.
2. Il va bien ?
3. Elle vend des livres ?
4. Ce sont des clients ?
5. Il est architecte.
6. Ce sont les coordonnées de Paul Beck.
7. soixante-dix-neuf
8. Elle habite à Florence ?

1.22

1. Elle connaît le responsable.
2. Voilà les billets.
3. Il travaille dans les bars.
4. Elle fait le gâteau.
5. J'ai les livres.

1.23

Bonjour, je m'appelle Julie Vidal, j'habite 56, rue Velpeau, à Antony. Le code postal est : 92 160. 92 160. Je vous donne mon numéro de téléphone et mon e-mail. Alors, le numéro de téléphone, c'est le 01 49 56 23 12. Je répète : 01 49 56 23 12. Mon email, c'est j.vidal@oam.com. Je répète : j.vidal@oam.com. Bon, quoi encore ? Euh... je suis célibataire, j'ai 28 ans, et euh... je suis française. Je travaille à Paris, dans une compagnie d'assurances. Je suis assistante de direction et la compagnie s'appelle MGE. Les Assurances MGE, vous connaissez ?

2 Objets

2.1

A. (*Marco Domingo*) Excuse-moi, je cherche quelque chose pour ouvrir ma porte.
B. Tes clés ?
A. Oui, c'est ça, mes clés.

2.2

Situation 1
A. (*Marco Domingo*) Excusez-moi.
B. Oui ?
A. Je voudrais quelque chose pour couper.
B. Pour couper ?
A. Oui, pour couper une feuille de papier.
Situation 2
A. (*Marco Domingo*) Excusez-moi, j'ai besoin de quelque chose pour boire.
B. Pour boire ? Un verre ?
A. Non, non, pour boire mon café.
Situation 3
A. (*Marco Domingo*) Excuse-moi, je cherche un... euh...
B. Qu'est-ce que tu cherches ?

A. Un… euh… quelque chose pour mettre mon dictionnaire et mes lunettes.

Situation 4

A. (*Marco Domingo*) Bonjour, tu as quelque chose pour envoyer une lettre ?
B. Une enveloppe ?
A. Non, non.

2.3

Situation 1

A. (*Marco Domingo*) Excusez-moi.
B. Oui ?
A. Je voudrais quelque chose pour couper.
B. Pour couper ?
A. Oui, pour couper une feuille de papier.
B. Ah, vous voulez dire des ciseaux ?
A. Oui, c'est ça, vous vendez des ciseaux ?

Situation 2

A. (*Marco Domingo*) Excusez-moi, j'ai besoin de quelque chose pour boire.
B. Pour boire ? Un verre ?
A. Non, non, pour boire mon café.
B. Ah, une tasse ?
A. Oui, c'est ça, une tasse.

Situation 3

A. (*Marco Domingo*) Excuse-moi, je cherche un… euh…
B. Qu'est-ce que tu cherches ?
A. Un… euh… quelque chose pour mettre mon dictionnaire et mes lunettes.
B. Un sac ?
A. Oui, c'est ça, un sac.
B. Un sac en cuir ?
A. Oui, un sac en cuir, c'est parfait.

Situation 4

A. (*Marco Domingo*) Bonjour, tu as quelque chose pour envoyer une lettre ?
B. Une enveloppe ?
A. Non, non.
B. Un timbre, alors ?
A. Ah oui, c'est ça, un timbre, tu as un timbre ?

2.5

A. Excusez-moi, mademoiselle, c'est combien, la cravate ?
B. Attendez… euh… elle coûte 128,50 euros.
A. 128 euros, une cravate !
B. Non, c'est 128,50 euros.

2.6

A. Je cherche mon portable.
B. Regarde, il est sur l'étagère.
A. Où ça ?
B. Là, sur l'étagère du bas, à côté des classeurs.
A. Ah oui, je vois, merci.

2.7

A. La référence de la serviette est TRH 4027.
B. Combien ?
A. 4027. 4-0-2-7. La marque est Gax.
B. Gax ?
A. Oui. G-A-X.
B. Gax. Et le prix ?
A. 165 euros.
B. 165 euros ! C'est cher.
A. C'est le prix.
B. Il y a combien de couleurs ?
A. Il y a trois couleurs : rouge, vert et jaune.
B. Rouge, vert, jaune. D'accord.
A. C'est clair ?
B. C'est clair, merci.

2.8

A. Tu préfères quel ordinateur ?
B. Le J30, bien sûr. Il est plus moderne que le G20. Et toi, qu'est-ce que tu préfères ?
A. Moi aussi, je préfère le J30. J'ai besoin d'un portable, pas d'un ordinateur de bureau. Et vous, messieurs, qu'est-ce que vous préférez ?
C. Nous aussi, on préfère le J30. C'est le plus performant. Et puis, un portable, c'est plus pratique.

2.9

Exercice a

1. Je cherche un paquet.
2. Je n'ai pas d'argent.
3. Qu'est-ce que tu bois ?
4. Tu as fini ?
5. Il est brun.
6. C'est pire.

Exercice b

1. Il est là.
2. Je cherche mes gants.
3. Qu'est-ce que vous apportez ?
4. Où est la banque ?
5. J'arrose la plante.
6. Elle a un chat.

Exercice c

1. Elle traverse le pont.
2. C'est un petit pot.
3. Tu veux une bière ?
4. Je préfère le poisson.
5. Il mange une poire.
6. C'est un imbécile.

2.10

A. Bonjour, monsieur. Je peux vous aider ?
B. Oui, je voudrais acheter une cravate.
A. Quelle sorte de cravate cherchez-vous ?
B. Une cravate élégante et bon marché. La cravate bleue ici, elle coûte combien ?
A. 54 euros, elle est très belle.
B. C'est cher. Vous n'avez pas meilleur marché ?

2.11

A. Tu peux noter la commande ?
B. Si tu veux.
A. D'abord, le fauteuil Pierrot.
B. Pierrot ?
A. C'est son nom, il s'appelle Pierrot.
B. Bon, bon, c'est quoi la référence ?
A. C'est AJP 65.
B. AJP quoi ?
A. 65. AJP 65.
B. Tu veux quelle couleur ?
A. Vert.
B. Vert. D'accord. Et le prix ?
A. Alors, attends… c'est… euh… 164 euros.

B. 164 euros. Et la lampe ?
A. C'est une lampe Camille.
B. Camille ?
A. C'est son nom, elle s'appelle Camille. La référence, c'est PB 216
B. PB 116
A. Non, 216, PB 2-1-6.
B. 216.
A. Et le prix, c'est… euh… 129 euros.
B. 129 euros ? C'est cher.
A. C'est une belle lampe.
B. Et la couleur ?
A. La couleur… euh… rouge, ça va ?
B. Comme tu veux.
A. Rouge, alors.
B. C'est tout ?
A. C'est tout. Tu peux envoyer.

3 Emploi du temps

3.1

Message 1
Avis au voyageur. Le TGV à destination de Paris, départ 15 h 40, partira de la voie 4. Je répète : le TGV à destination de Paris, départ 15 h 40, partira de la voie 4.
Message 2
Mesdames et messieurs, nous sommes à Paris – Charles-de-Gaulle. Il est quinze heures quarante-cinq, heure locale.
Message 3
A. Vous êtes sur Radio Info. Il est zéro heure précise. Voici les informations de minuit, présentées par Maud Le Guellec.
B. Bonjour.

3.2

A. Excusez-moi, madame, les bureaux ouvrent à quelle heure ?
B. À 2 heures et demie.
A. Et ils ferment à quelle heure ?
B. À 5 heures.
A. Vous êtes sûre ?
B. Écoutez, c'est écrit sur la porte : Les bureaux sont ouverts de 14 h 30 à 17 heures.

3.3

A. (*l'interviewer*) Louise, bonjour.
B. (*Louise*) Bonjour.
A. Louise, vous êtes une collègue de Lucas, n'est-ce pas ?
B. Tout à fait.
A. Est-ce que vous jouez du saxophone aussi ?
B. Du saxo ? Non, non, moi, je chante.
A. Ah, vous chantez ! Et vous chantez avec Lucas ?
B. Avec Lucas ? Non, non, je chante seule, avec ma guitare.
A. Vous travaillez beaucoup ?
B. Oui, pas mal, je me réveille tôt, très tôt.
A. À quelle heure est-ce que vous vous réveillez ?
B. Je me réveille à 6 heures du matin. À 7 heures, je suis au travail, et je travaille jusqu'à midi et demi.
A. Donc, vous travaillez de 7 heures du matin à midi et demi.
B. C'est ça.
A. Et l'après-midi ?
B. L'après-midi, je ne travaille pas.
A. Ah bon, vous ne travaillez pas l'après-midi ?
B. Non, je me repose.
A. Vous vous reposez ?
B. Oui, je dors, je bouquine, je regarde la télé, et puis, bon, je dîne à 7 heures du soir.
A. Et après le dîner ?
B. Après le dîner, je sors avec des copains et à minuit, je rentre chez moi.
A. À minuit.
B. Oui, enfin, vers minuit, et puis, je me douche, je me couche, je bouquine un peu, et je dors jusqu'à 6 heures du matin.

3.4

Denise Lopez : Le matin, très souvent, je suis au téléphone ou devant mon ordinateur, et je rencontre parfois des fournisseurs. Je déjeune souvent avec eux. L'après-midi, j'ai toujours une réunion avec Kevin Jacob, mon patron. Avec lui, les réunions sont souvent très courtes parce qu'il est toujours pressé. Je quitte le bureau vers 18 heures. Je n'apporte jamais de travail chez moi. Le soir, je veux être avec mon mari et mes enfants.

3.5

Denise Lopez : Bonjour, je suis Denise Lopez. En ce moment, je suis à la maison. Il est 20 heures. Comme vous le savez, je ne travaille jamais chez moi. Le soir, quelquefois, je vais au cinéma avec mon mari parce que nous aimons bien le cinéma. Mais le plus souvent, je reste à la maison parce que je suis trop fatiguée pour sortir. Je lis les journaux, je joue avec les enfants, ce genre de choses. Je ne regarde jamais la télévision parce que, tout simplement, nous n'avons pas de télévision.

3.7

Conversation 1
A. On est le combien aujourd'hui ?
B. Le 9.
A. Le combien ?
B. Le 9 mars 2013.
Conversation 2
A. Il y a une date sur cette lettre ?
B. Oui, le 15 janvier.
A. 2014 ?
B. Oui, c'est ça, le 15 janvier 2014.
Conversation 3
A. Tu as quel âge ?
B. Je suis né en 1987.
A. Ah oui, moi aussi. Quel mois ?
B. En décembre, le 1er décembre 1987.
A. Le 1er décembre ! Mais c'est incroyable ! On a la même date de naissance. Moi aussi, je suis née le 1er décembre 1987.
Conversation 4
A. Le 14 juillet, on ne travaille pas.
B. Ah bon, mais pourquoi ?
A. C'est la fête nationale en France.
B. Ah bon ! Qu'est-ce qu'on fête ?
A. On fête la prise de la Bastille.
B. La quoi ?
A. La prise de la Bastille. C'était en 1789, le 14 juillet 1789.
B. Ah bon…

3.9

A. (*Restaurant*) Restaurant *La Casserole*, bonjour.

B. (*Client*) Bonjour, je voudrais réserver une table, s'il vous plaît.
A. Bien sûr, monsieur, c'est pour quelle date ?
B. Pour le **7 mars**. C'est un **mardi**.
A. **Mardi 7 mars**, alors. Pour combien de personnes ?
B. Nous sommes **deux**.
A. **Deux** personnes. Souhaitez-vous déjeuner ou dîner ?
B. **Déjeuner**.
A. À quelle heure souhaitez-vous **déjeuner** ?
B. Vers **midi et demi**.
A. 12 h 30, alors. C'est entendu. La réservation est à quel nom ?
B. **Berger**. **Max Berger**.
A. Pouvez-vous épeler votre nom, s'il vous plaît ?
B. Oui, alors, ça s'écrit **B**, comme **Bernard**, **E-R-G-E-R**.
A. Avez-vous un numéro de téléphone, monsieur **Berger** ?
B. Oui, c'est le **01 28 09 12 12**.
A. **01 28 09 12 12**.
B. C'est bien ça.
A. Bon, je récapitule : **2** couverts pour le **mardi 7 mars**, à **12 h 30**.
B. C'est ça.
A. Bien, je vous remercie, monsieur, et à bientôt.
B. À bientôt. Au revoir.

3.11

A. C'est Nicolas ?
B. On peut se voir lundi.
A. D'accord ?
B. À 4 heures, ça va.
A. À lundi, alors ?

3.12

Exercice a

1. C'est mon coussin.
2. Vous avez l'heure ?
3. Ils ont chaud.

Exercice b

1. Il est pour.
2. Tu es sûr ?
3. Elle est russe.

Exercice c

1. C'est son problème.
2. Le temps est magnifique.
3. Il est blanc.

Exercice d

1. Elle appelle souvent ?
2. On est libre jeudi ?
3. Il vient cet après-midi.

3.13

Bonjour, je m'appelle Karine Merlin. Je dirige une petite entreprise à Fontainebleau. C'est une ville située à 60 kilomètres de Paris. J'ai créé cette entreprise en 2007 et nous employons maintenant 15 salariés. Je travaille beaucoup. Beaucoup, ça veut dire 70 heures par semaine. Je me lève tous les jours à 5 heures du matin. De 6 heures à 7 heures, je fais un jogging dans la forêt de Fontainebleau. À huit heures, je suis au travail, à mon bureau. Je rentre chez moi vers 20 heures. Le plus souvent, je passe la soirée devant l'ordinateur. En fait, je continue à travailler à la maison. Je fais des factures, j'envoie des e-mails, je cherche des informations sur Internet. En général, je me couche vers minuit. Avant de dormir, je lis des journaux économiques, comme *Le Journal des affaires* ou *L'Entreprise*. Je dors seulement cinq heures par nuit. Le dimanche, je ne vais pas au bureau, mais je travaille chez moi. En fait, j'adore travailler. Ma vie, c'est mon travail. Heureusement que je suis célibataire et que je n'ai pas d'enfants !

4 Voyage

4.1

A. Bonjour, madame, que puis-je faire pour vous ?
B. Bonjour, est-ce que vous avez une chambre libre ?
A. Quel type de chambre voulez-vous, madame ?
B. Une chambre pour une personne.
A. Une chambre simple, alors.
B. Avec un grand lit, s'il vous plaît.
A. Pour combien de nuits ?
B. Pour deux nuits, à partir d'aujourd'hui.
A. Nous sommes le 13 avril. Du 13 au 15 avril, donc. Alors, voyons… il n'y a pas de problème, madame.
B. Et c'est combien ?
A. 90 euros la nuit, petit déjeuner compris.
B. 90 euros ! Oh là là ! C'est cher. Est-ce qu'il y a une baignoire dans les chambres ?
A. Bien sûr, madame, il y a une baignoire dans toutes nos chambres.
B. Et est-ce qu'il y a une piscine ?
A. Une piscine ? Ah, je suis désolé, madame, il n'y a pas de piscine dans l'hôtel. Mais il y a une piscine olympique de l'autre côté de la rue, juste en face.
B. Ah très bien, je prends la chambre.
A. Entendu, madame, avez-vous une pièce d'identité ?
B. Oui, attendez, voilà mon passeport.
A. Merci.

4.2

A. (*cliente*) Bonjour, je voudrais régler ma note, s'il vous plaît.
B. (*réceptionniste*) Bien sûr, madame… Alors, ça fait deux nuits, n'est-ce pas ?
A. C'est exact.
B. Comment réglez-vous, madame ?
A. Par carte de crédit.

4.3

A. (*Nadia*) Excusez-moi, le métro, s'il vous plaît ?
B. Vous prenez la première rue à gauche.
A. Je prends la première rue à gauche.
B. Vous prenez la deuxième à droite : c'est la rue du Commerce.
A. Je prends la deuxième à droite : c'est la rue du Commerce.
B. Vous traversez l'avenue Émile-Zola.
A. Je traverse l'avenue Émile-Zola.
B. Vous continuez tout droit.
A. Je continue tout droit.
B. Vous allez jusqu'au boulevard.
A. Je vais jusqu'au boulevard.
B. Le métro se trouve au bout de la rue du Commerce. C'est la station *Commerce*.
A. Très bien, merci.
B. Je vous en prie.

4.4

(*Nadia*) Le bureau de madame Zimmerman se trouve 2 rue Chapon, dans le quatrième arrondissement. Métro: Rambuteau. À la station de métro, je sors rue Beaubourg. Je vais tout droit. Je prends la deuxième rue à droite: c'est la rue Chapon. Le numéro 2 est au bout de la rue, à gauche. Le bureau de madame Zimmerman se trouve au troisième étage.

4.6

Singapour est une ville magnifique, propre et sûre. Vous devez absolument visiter les quartiers indien et chinois. De préférence, allez dans le quartier chinois le jour et dans le quartier indien la nuit. Singapour est un paradis pour la cuisine. Allez au restaurant, et n'oubliez pas de goûter les crabes au poivre. Un délice!
Mais attention! Vous devez respecter toutes les règles. Il est interdit de jeter des papiers ou des chewing-gums par terre, de traverser en dehors des passages pour piétons. De même, il est interdit de fumer dans les endroits publics, comme dans les bars, les restaurants, les bâtiments administratifs, etc.
Pour les déplacements, prenez le bus ou le métro. Les transports publics sont excellents. Vous pouvez aussi prendre un taxi. Les taxis sont bon marché et rapides, et il n'y a pas d'embouteillages. Vous pouvez aussi louer une voiture, mais alors, n'oubliez pas, vous devez conduire à gauche, comme à Londres ou à Tokyo.

4.7

L'aéroport d'Amsterdam se situe à 18 kilomètres du centre d'Amsterdam. Pour aller de l'aéroport au centre, tu peux prendre un taxi, le train ou le bus. Dans le centre d'Amsterdam, ne prends pas les taxis, ils sont chers. Tu peux te déplacer en tramway, ou alors louer un vélo, c'est très pratique. Les musées d'Amsterdam sont fantastiques. Tu dois absolument visiter le musée Van Gogh. Il est ouvert tous les jours de 10 heures à 18 heures, l'entrée coûte 10 euros, et tu peux louer un audioguide en français pour 4 euros. Prends des espèces parce que tu dois payer l'entrée en espèces. Prends ton appareil photo, mais, n'oublie pas, à l'intérieur du musée, il est interdit de prendre des photos. Pour aller au musée, tu peux prendre le bus 170.

4.9

Le train en provenance de Zurich entre en gare voie numéro 24. Éloignez-vous de la bordure du quai, s'il vous plaît.

4.10

Exercice a

1. C'est un vent sec.
2. Il est marrant.
3. Je voudrais le plein.
4. Ça fait 500 euros.

Exercice b

1. C'est faux.
2. Il est saoul.
3. Il est tôt pour elle.
4. C'est un gros mou.

4.11

Situation 1. À l'hôtel

A. (*Amélie*) Je voudrais régler ma note, s'il vous plaît.
B. Bien sûr, madame, alors… euh… ça fait **une** nuit avec petit déjeuner pour **une** personne, c'est bien ça?
A. C'est ça.
B. Alors, voilà… ça fait **85** euros.
A. Tout est compris?
B. Oui, madame, c'est le prix toutes taxes comprises. Ici, vous avez la taxe de séjour, et ici, c'est la TVA. En tout, ça fait **85** euros.
A. D'accord.
B. Vous payez comment, madame?
A. Par **carte bancaire**.
B. Très bien… euh… voilà… vous pouvez composer votre code.

Situation 2. Dans la rue

A. (*Amélie*) Excusez-moi, pour aller à **la gare**, s'il vous plaît?
B. Pardon?
A. Pour aller à **la gare**…
B. À la gare… euh… vous êtes **à pied**?
A. Oui, c'est loin?
B. Euh… non… pas du tout… c'est à **3** minutes. Vous **allez tout droit**.
A. **Tout droit**?
B. Oui, la gare est au bout de la rue.
A. Merci.
B. Je vous en prie.

Situation 3. À la gare

A. (*Amélie*) Bonjour.
B. Bonjour.
A. Je voudrais un billet pour **Londres**, un aller simple, s'il vous plaît.
B. Pour quand?
A. Pour **lundi** prochain.
B. Euh… c'est-à-dire… pour **le 15 juin**. Le matin ou l'après-midi?
A. **Le matin**.
B. Alors… il y a un train à **6 h 26**, à **7 h 26**, **8 h 26**, **9 h 26**…
A. Je prends le premier.
B. Le train de **6 h 26**, alors.
A. C'est ça, **6 h 26**.
B. En quelle classe?
A. En **première**, s'il vous plaît.

5 Travail

5.2

A. (*madame Lang*) Voulez-vous du fromage, monsieur Claudel?
B. (*monsieur Claudel*) Non, pas de fromage.
A. Un dessert, alors?
B. Euh… je vais prendre une salade de fruits.
A. Eh bien, moi, je vais prendre un petit fromage ET un dessert. Alors… attendez… euh… comme fromage, je vais prendre un morceau de chèvre, et puis, en dessert, en dessert… euh… je vais prendre une glace… c'est ça, une glace au chocolat. Et après, un petit café. Vous prenez du café, monsieur Claudel?
B. Non, je n'aime pas le café.
A. Un thé, alors?
B. Non merci, je vais m'arrêter là.
A. Très bien. (*Au serveur*) Monsieur, s'il vous plaît!

5.4

A. Société Infotel, bonjour.
B. Bonjour. Pourrais-je parler à madame Walter, s'il vous plaît ?
A. C'est de la part de qui ?
B. De la part de Vincent Malle.
A. Pouvez-vous épeler votre nom, s'il vous plaît ?
B. M. comme Michel – A – deux L – E.
A. Merci. Un instant, s'il vous plaît, je vous passe madame Walter.

5.5

Conversation 1
A. **Service du marketing**, bonjour.
B. Bonjour. **Pourrais-je parler à monsieur Gallois**, s'il vous plaît ?
A. C'est lui-même.
B. Ah, bonjour, monsieur. **Je m'appelle Pauline Sénéchal**, et je vous appelle parce que…
Conversation 2
A. ***Banco de Mexico, buenos días.***
B. ***Buenos***… euh… bonjour, est-ce que vous parlez français ?
A. Un peu, oui.
B. Ah, très bien. **Je suis Michel Robinet**, de la **société Letour**, à **Paris**. **Est-ce que je peux parler à Lisa Gomez**, s'il vous plaît ?
A. Oui, bien sûr… euh… excusez-moi, **vous êtes monsieur**… ?
B. Monsieur **Robinet**, **Michel Robinet**.
A. **Un instant**, s'il vous plaît, je vous passe madame **Gomez**.
Conversation 3
A. Allô, oui ?
B. Euh… bonjour, vous êtes bien **Cécile Wolf** ?
A. Oui, c'est **moi-même**.
B. **Je suis Michael Lamy**, de la **direction générale**.
A. Ah monsieur **Lamy** ! Comment allez-vous ?
Conversation 4
A. Allô !
B. Bonjour, monsieur.
A. Bonjour.
B. Je suis bien au **service comptable** ?
A. Oui, oui, c'est ça.
B. **Je voudrais parler à Paul**, s'il vous plaît.
A. **Paul Chopin** ?
B. Oui, s'il vous plaît.
A. **C'est de la part de qui** ?
B. **De la part de Florence Janin**.
A. Pardon ? Vous êtes ?
B. **Florence**, **Florence Janin**, vous savez, la patronne de **Paul**.
A. Oh ! La patronne de **Paul**… oui, oui, bien sûr, excusez-moi, **Florence**… euh… **madame Janin**… **Paul** est là… Je l'appelle tout de suite, un instant, s'il vous plaît. **Paul ! Paul !**

5.6

A. (*Martine Cottin, le recruteur*) Vous êtes monsieur Petit.
B. (*Michel Petit, le candidat*) Oui, c'est ça, Michel Petit.
A. Vous avez 28 ans, et… euh… de quelle nationalité êtes-vous, monsieur Petit ?
B. Je suis français.
A. Sur votre CV je vois que vous avez étudié à la Sorbonne.
B. C'est exact, j'ai passé un mastère d'histoire à la Sorbonne. Moi, madame, j'adore l'histoire. Je connais très bien l'histoire du XIXᵉ siècle, je lis beaucoup de livres d'histoire, je suis un passionné, vous voyez…
A. Très intéressant, mais est-ce que vous connaissez l'informatique ?
B. Bien sûr, madame. Pendant cinq ans, j'ai vendu du matériel informatique.
A. Oui, je vois, à Londres, n'est-ce pas ?
B. Oui, madame, j'ai travaillé comme vendeur à Londres, dans la rue Oxford, Oxford Street, madame, vous connaissez ?
A. Oui, oui. Alors, bien sûr, vous parlez anglais.
B. Très bien, je parle couramment anglais, *I speak fluent English* et je suis un très bon vendeur.
A. Une dernière question, monsieur Petit : est-ce que vous avez le permis de conduire ?
B. Le permis de conduire ?
A. Oui, est-ce que vous savez conduire ?
B. Euh… désolé, je ne sais pas conduire, mais je peux apprendre. Je suis très motivé, vous savez.

5.7

A. (*le collègue*) Alors, Clara, est-ce que vous avez trouvé un local pour le bureau ?
B. (*Clara*) Oui, on a loué 80 mètres carrés dans un quartier d'affaires.
A. Qu'est-ce que vous avez fait encore ?
B. On a embauché une assistante chinoise.
A. Est-ce qu'elle parle français ?
B. Oui, très bien, elle a habité à Paris pendant deux ans.
A. Qu'est-ce qu'elle a fait à Paris pendant deux ans ?
B. Elle a appris le français et elle a étudié le marketing dans une école de commerce.
A. Vous avez eu le temps de visiter la ville ?
B. Un peu. Nous sommes sortis tous les soirs. Un soir, on est allé à l'opéra. Le dernier jour, j'ai fait les magasins. J'ai acheté des vêtements et des chaussures. Mais Lambert n'est pas venu. Il déteste les magasins et il est resté à l'hôtel. Par contre, il adore la cuisine chinoise. On a mangé chinois tous les jours. Et toi, qu'est-ce que tu as fait ?

5.8

1. lui
2. muette
3. loueur
4. enfui
5. buée
6. nuée
7. quoi
8. buisson

5.9

A. (*Florian*) Alors, qu'est-ce que tu prends ?
B. (*Sarah*) Qu'est-ce qu'il y a ?
A. Alors… en entrée… de la salade niçoise, un œuf dur mayonnaise, des concombres à la crème…
B. Je vais prendre ça.
A. Quoi, ça ?
B. Les concombres à la crème.
A. Bon, moi, je vais prendre… euh… une salade de tomates. Et ensuite, comme plat, il y a une côte de bœuf au four, une omelette à l'oignon, du…
B. Est-ce qu'il y a du poisson ?

A. Du poisson… euh… oui, il y a du saumon grillé, une truite aux amandes et… euh… comme poisson, c'est tout.
B. Je vais prendre le saumon. Et toi ?
A. Moi aussi. Bon, j'appelle le serveur.
B. Et le dessert ? Est-ce qu'il y a une mousse au chocolat ?
A. Écoute, pour le dessert, on voit après. (*Au serveur*) Monsieur, s'il vous plaît ?

5.10

A. (*Félix Billard*) Allô, oui.
B. (*monsieur Rey*) Bonjour. Je souhaiterais parler à monsieur Rey, s'il vous plaît.
A. C'est lui-même.
B. Bonjour, monsieur Rey. Je suis Félix Billard, conseiller à la Banque du Nord. Je vous appelle parce que nous proposons actuellement des conditions de crédit et parce que je sais que…
A. Écoutez, je ne suis absolument pas intéressé.
B. Absolument pas ?
A. Absolument pas.
B. Très bien, écoutez… euh… bon, je n'insiste pas et je vous souhaite une bonne soirée.
A. Moi de même, au revoir.
B. Au revoir, monsieur.

6 Problèmes

6.1

Dialogue 1
A. (*Paul*) Excusez-moi, vous travaillez ici ?
B. (*Bill*) Oui.
A. Je suis **Paul Dupont**.
B. Enchanté. Je suis **Bill Gates**.
A. Excusez-moi, monsieur **Gates**, est-ce que vous connaissez **madame Dupont** ?
B. Pardon ? Qui est-ce que vous cherchez ?
A. Je cherche **Madame Dupont**, **Catherine Dupont**, c'est ma femme, elle travaille au **service comptable**.
B. Non, désolé, je ne connais pas **cette dame**.
A. Qui est-ce qui peut me renseigner ?
B. Je ne sais pas, il n'y a personne de ce nom au **service comptable**.
Dialogue 2
A. (*Suzanne*) Dis-moi, **Catherine**, tu n'as pas l'air en forme. Qu'est-ce qui ne va pas ?
B. (*Catherine*) C'est **Paul**.
A. **Paul**, encore ! Tu lui as parlé ?
B. Oui, mais ça ne sert à rien, il n'écoute pas.
A. Qu'est-ce que tu veux dire ?
B. Il parle, il parle, mais il n'écoute pas.
A. Écoute, **Catherine**, il faut faire quelque chose.
B. Oui, je sais, **Suzanne**, je sais.
A. Qu'est-ce que tu vas faire ?
B. Je vais **divorcer**.
A. **Divorcer** ? Tu es folle ?
B. Il n'y a rien d'autre à faire, **Suzanne**.
Dialogue 3
A. (*Suzanne*) Allô, **Paul** ?
B. (*Paul*) Oui, c'est moi.
A. C'est **Suzanne**.
B. Pardon ?
A. C'est **Suzanne** à l'appareil.
B. Ah ! **Suzanne** ! Tu es où ?
A. Je suis à **Paris**, mais demain, je vais à **Madrid**.
B. Pardon ? Qu'est-ce que tu dis ?
A. Demain, je vais à **Madrid**, en **Espagne**. Est-ce que tu connais quelqu'un à **Madrid** ?
B. Où ça ?
A. À **Madrid**, **en Espagne**. Tu es sourd ou quoi ?
B. Excuse-moi, je n'entends rien. Tu peux répéter ?
A. Est-ce que tu connais quelqu'un à **Madrid** ?
B. Non, désolé, je ne connais personne. Pourquoi ?
A. Pour rien, pour rien. Au revoir.
B. Salut !

6.2

A. (*Marco*) *Bueno !*
B. (*Claire*) Allô ! Marco ? C'est Claire.
A. Claire ? Qui ça ? Claire ?
B. Oui, c'est moi, Claire. Je te réveille ?
A. Non, non… euh… enfin, oui, il est 2 heures du matin. Tu es où ?
B. À l'aéroport, à Paris.
A. À Paris ! Il y a eu un problème ?
B. Oui, j'ai raté mon avion.
A. Quoi ? Qu'est-ce que tu dis ?
B. J'ai raté mon avion.
A. Mais pourquoi ? Qu'est-ce qui s'est passé ?
B. Je me suis réveillée trop tard.

6.3

(*Claire*) Ce matin, je me suis réveillée un peu tard. Alors, je me suis levée tout de suite, je me suis précipitée dans la salle de bains, je me suis lavée, je me suis habillée à toute vitesse. J'ai pris ma voiture et alors, pas de chance, je me suis retrouvée dans les embouteillages. Je me suis énervée, je me suis disputée avec un autre automobiliste. Finalement, je suis arrivée à l'aéroport, mais trop tard !

6.4

A. (*Paul Sauvage*) Allô, oui ?
B. (*Claire*) Bonjour. Vous êtes monsieur Sauvage ?
A. Oui, c'est moi.
B. C'est Claire Buisson à l'appareil.
A. Ah, madame Buisson ! Vous allez bien ?
B. Oui, oui, très bien, mais j'ai un petit problème.
A. Qu'est-ce qui se passe ?
B. Voilà, je suis dans ma voiture, mais je me suis trompée de route et je vais arriver en retard.
A. Vous pensez arriver vers quelle heure ?
B. Dans une heure environ.
A. Vers 17 heures, alors ?
B. C'est ça, désolée.
A. Ce n'est pas grave, à tout de suite.
B. À tout de suite.

6.7

(*Gilles*) Voilà l'ampoule. Prends-la, mets-la dans la douille, visse-la. Qu'est-ce qui est coupé ? Le fil électrique ? Ne le touche pas, c'est dangereux. Bon, écoute, laisse tomber, descends. Ne fais pas l'idiot, s'il te plaît, concentre-toi une minute. Tes pieds, regarde-les, ne les pose pas ici, pose-les là. Reste calme. Ma main, prends-la, serre-la. Mais… qu'est-ce que tu fais ? Aïe ! Tu t'es fait mal ?

6.8

Conversation 1

A. (*Roger*) Tu as vu les clés ? Je cherche la 12.
B. (*Gilles*) Elles sont dans le tiroir.
A. Quel tiroir ?
B. Le tiroir du bas.
A. Je n'arrive pas à l'ouvrir.
B. Tire-le très fort.
A. Je tire.
B. Tire plus fort.
A. Ah ! Ça y est… bon… mais… il est vide, ce tiroir.
B. Il n'y a pas de clé ?
A. Non, il n'y a rien.

Conversation 2

A. (*Roger*) Qu'est-ce que tu fais ?
B. (*Gilles*) Je bricole.
A. Qu'est-ce qu'il y a ?
B. Le robinet fuit. Je le répare.
A. Qu'est-ce que c'est ? Une fuite d'eau ?
B. Oui, évidemment !
A. Tu veux un coup de main ?
B. Oui, tiens, tu peux tenir cette lampe ?
A. Cette lampe ?
B. Oui, tiens-la, s'il te plaît.
A. D'accord.
B. Tu peux tenir le tournevis ?
A. D'accord.
B. Et le chiffon.
A. Le chiffon ?
B. Oui, prends-le, s'il te plaît.
A. D'accord.
B. Tu peux me passer le marteau ?
A. Le marteau ?
B. Oui, passe-le, dépêche-toi !
A. J'ai seulement deux mains, tu sais.

Conversation 3

A. (*Roger*) Je peux **fermer** la fenêtre ?
B. (*Gilles*) Pourquoi, tu as **froid** ?
A. Un peu, oui.
B. Mais je viens de **l'ouvrir**.
A. Oui, mais j'ai **froid**, je peux **la fermer** ?
B. Bon, bon, si tu insistes, **ferme**-la !
A. Il y a un problème, je n'arrive pas à la **fermer**.
B. **Pousse**-la très fort.
A. Très fort ?
B. Oui, **pousse**, je te dis, **pousse**.
(*Bruits de fenêtre cassée*)

6.9

Situation 1

A. (*Nicolas*) On étouffe, il fait trop chaud dans ce bureau, tu ne trouves pas ?
B. Oui, c'est vrai, il fait au moins 35 degrés.
A. On ne peut pas travailler dans ces conditions.

Situation 2

A. (*Nicolas*) Oh, non, c'est pas vrai, c'est la troisième fois cette semaine !
B. Qu'est-ce qu'il y a ?
A. C'est mon e-mail, il ne fonctionne pas et je dois envoyer un message urgent.

Situation 3

A. (*Nicolas*) Bon, où est-ce que j'ai mis ce dossier ? Ici, non, ici, non. Quelle pagaille dans ce bureau !
B. Nicolas, tu as trouvé le dossier ?
A. Pas encore, je le cherche. Ici, non, ici, non.
B. Nicolas, tu as mes ciseaux ?
A. Tes ciseaux ?
B. Oui, s'il te plaît.
A. Oui, alors, attends, où est-ce que je les ai mis, ces ciseaux ? Ici, non, ici, non…

6.10

1. Il a tout bu.
2. Ils s'en vont.
3. Ce sont tes problèmes.
4. Elle travaille à Gand.
5. C'est un faux.
6. Attention au bord !
7. Elle court très vite.
8. Il a un visage rond.

6.11

Situation 1 : chez le médecin

A. (*le médecin*) Monsieur Gaillard ?
B. (*Nicolas*) Oui, c'est moi. Bonjour, docteur.
A. Bonjour, monsieur, entrez !
B. Merci.
A. Asseyez-vous.
B. Merci.
A. Alors, dites-moi, qu'est-ce qui ne va pas ?
B. Eh bien voilà, docteur, j'ai mal partout.
A. Partout ? C'est-à-dire ?
B. Eh bien, voilà, docteur, je vous explique. D'abord, j'ai mal au dos quand je suis debout. Quand je suis assis, comme maintenant, ça va, mais si je me lève, j'ai mal au dos, vous comprenez, docteur ?
A. Oui, oui, tout à fait.
B. Et puis, j'ai mal à la gorge quand j'avale.
A. Hum, hum…
B. Et quand je tousse… (*il tousse*)… Aïe ! Quand je tousse, j'ai mal sur le côté.
A. Est-ce que vous avez de la fièvre ?
B. Ah non, pas encore, docteur.
A. Je vais vous ausculter. Venez par ici.
B. (*Paul se lève*) Aïe !

Situation 2 : dans une agence de voyages

A. (*l'employée de l'agence*) Je regrette, monsieur, mais il n'y a plus de place sur le vol de mardi.
B. (*Nicolas*) Plus de place ? Il y a une grève ? Les pilotes, n'est-ce pas ?
A. Non, ce n'est pas ça, monsieur. Il n'y a plus de place, je vous dis, le vol est complet.
B. Vous êtes sûre ?
A. Absolument, monsieur, c'est complet.
B. Qu'est-ce que je vais faire ?
A. Il y a le vol de jeudi.
B. Ah non alors ! Jeudi, c'est trop tard.

Situation 3 : à la banque

A. (*l'employé de la banque*) Bonjour, monsieur.
B. (*Nicolas*) Bonjour, je voudrais ouvrir un compte.
A. Vous habitez à Paris ?
B. Oui, j'habite à côté.
A. Très bien, monsieur. Dans ce cas, il n'y a pas de problème. Vous devez prendre rendez-vous avec un conseiller clientèle.
B. Ah bon ? Je ne peux pas faire ça tout de suite ?

A. Je regrette, monsieur, tous nos conseillers sont occupés. Donc, vous prenez rendez-vous et vous venez avec une pièce d'identité.
B. Mon passeport, ça va ?
A. Oui, bien sûr, le passeport, c'est très bien. Vous devez aussi apporter un justificatif de domicile.
B. Un quoi ?
A. Un justificatif de domicile. Une facture d'électricité, par exemple.
B. Dites-moi, c'est compliqué d'ouvrir un compte chez vous, vous ne trouvez pas ?
A. C'est le règlement, monsieur.

Situation 4 : au restaurant

A. (*Nicolas*) Monsieur, s'il vous plaît, je peux avoir l'addition ?
B. (*le garçon*) Oui, oui, tout de suite... alors... J'arrive... Vous payez comment ?
A. Par carte bancaire. Voilà.
B. Merci... Alors... un instant, s'il vous plaît... Ohhh ! ... euh... je suis désolé, il y a un problème avec notre machine. Vous pouvez payer en espèces ?
A. C'est difficile... attendez... euh... je regarde... C'est combien ?... 57 euros... Ohhh ! C'est cher.

7 Tranches de vie

7.2

(Albert Neuville) Pendant l'été, je travaillais comme guide au Jardin botanique de Montréal. Je promenais les visiteurs dans le petit train. On faisait le tour du jardin. Le voyage durait environ 10 minutes. Je m'installais à l'arrière avec un micro et je disais : « Bonjour, *good morning*, bienvenue à bord de l'Ouragan ! » Nous étions trois jeunes guides et on rigolait beaucoup.

7.3

(Laurette Touchard) À l'âge de neuf ans, j'aidais mes parents dans leur magasin. Nous vendions des produits électroménagers. Je faisais un peu de tout, mais j'aimais surtout servir les clients. J'avais beaucoup de succès avec les vieilles dames. Quand une vieille dame entrait, mon père disait : « Cette cliente, elle est pour Laurette ! »

7.4

Pour terminer, voici une histoire peu banale. Ça s'est passé jeudi soir à Porto, au Portugal. Un homme était chez lui et il voulait terminer un travail sur son ordinateur. Mais voilà : l'ordinateur est tombé en panne. Alors, notre homme s'est fâché très fort. Qu'est-ce qu'il a fait ? Eh bien, c'est très simple : il a ouvert la fenêtre, il a pris l'ordinateur et il l'a jeté par la fenêtre. Précisons que ce monsieur habite au dixième étage d'un immeuble. Heureusement, à ce moment-là, personne ne passait dans la rue.

7.5

1. Je donnais. J'ai donné. Je donne.
2. Je dépense. J'ai dépensé. Je dépensais.
3. Il s'est reposé. Il se reposait. Il se repose.
4. Tu te dépêchais. Tu t'es dépêché. Tu te dépêches.

7.7

Bonjour, je m'appelle Bernard Perrin, j'ai 41 ans et je suis ingénieur de formation. Je travaille chez Fimex depuis huit ans... euh... oui, c'est ça, il y a huit ans que je suis entré chez Fimex. J'ai d'abord travaillé comme ingénieur, puis comme adjoint du directeur d'usine, et aujourd'hui, je dirige une usine, près de Paris. L'ancien directeur est parti à la retraite. Il s'appelait Éric Billard, j'ai été son adjoint pendant trois ans.

7.8

Je connais bien monsieur Billard. C'était un bon directeur, mais... euh... c'est quelqu'un qui était un peu prétentieux... Il pensait qu'il était supérieur à tout le monde, qu'il était le meilleur... C'est moi qui ai fait ça, c'est moi qui suis le plus intelligent, le plus fort, vous voyez ce que je veux dire... Il avait une très bonne opinion de lui-même. Un bon directeur, mais juste un peu prétentieux.

7.10

1. A. (*Vincent Avril*) Je ne sais pas quoi faire, Rachel.
   B. (*Rachel*) Quel est le problème, monsieur ?
   A. Il y en a plusieurs, c'est difficile.
2. A. (*Vincent Avril*) Ils nous doivent 20 000 euros.
   B. (*Rachel*) Et pourquoi est-ce qu'ils ne paient pas ?
   A. Ils ont des dettes.
   B. Ce n'est pas une raison.
   A. Ils en ont trop, ils ne peuvent plus payer.
   B. Qu'est-ce que vous allez faire, monsieur ?
   A. Je ne sais pas, Rachel, ils ont trop de dettes, ils sont au bord de la faillite.
3. A. (*Vincent Avril*) On doit terminer ce projet pour le 3 mars.
   B. (*Rachel*) Oui, je sais, monsieur.
   A. Eh bien, c'est pratiquement impossible.
   B. Le 3 mars ? On a encore un peu de temps.
   A. On n'en a pas assez, les délais sont trop courts.
4. (*Vincent Avril*) Écoutez, Rachel, ici, c'est moi qui prends les décisions. Si l'entreprise gagne de l'argent, c'est grâce à moi. Si l'entreprise en perd, c'est moi qui suis le responsable.
5. A. (*Vincent Avril*) Entrez !
   B. (*Rachel*) Excusez-moi, monsieur.
   A. Oui, Rachel.
   B. Est-ce que vous avez lu le rapport ?
   A. Oui, bien sûr.
   B. Est-ce que vous avez pris une décision ?
   A. Non, pas encore, j'ai besoin de plus d'informations. Ce rapport n'en donne pas assez, je ne sais pas quoi décider.
6. A. (*Vincent Avril*) Entrez !
   B. (*Rachel*) Excusez-moi, monsieur.
   A. Oui, Rachel, qu'est-ce qu'il y a encore ?
   B. Excusez-moi, est-ce que vous avez vu Anatole ?
   A. Oui, je viens de le voir. Pourquoi ?
   B. Est-ce qu'on a reçu les boîtes ?
   A. Les boîtes, quelles boîtes ?
   B. Les boîtes de peinture, monsieur, est-ce qu'on a reçu les boîtes de peinture ?
   A. Ah oui ! Elles sont arrivées, mais il en manque six.

7.11

A. (*Interviewer*) Bonjour, Rémy, vous travaillez dans un hôtel, n'est-ce pas ?
B. (*Rémy*) Oui, c'est exact, je travaille à la réception, je travaille de nuit, de 10 heures du soir à 7 heures du matin. Je suis veilleur de nuit.
A. Est-ce que vous avez beaucoup de travail ?

B. Non, pas beaucoup, la nuit, vous savez, c'est tranquille. Mon problème, c'est que j'ai beaucoup de mal à rester éveillé, j'ai toujours envie de dormir.
A. Et alors, qu'est-ce que vous faites ?
B. Alors, je bois du café, il m'arrive de boire… euh… je ne sais pas, peut-être dix ou même quinze tasses dans la nuit.

7.12

A. (*Blanche*) Charles, est-ce que vous avez écrit le rapport *Cerise* ?
B. (*Charles*) J'ai presque fini, je finirai demain, ne vous inquiétez pas ! Vous avez vu le temps ? Il pleut sans arrêt.
A. Charles, s'il vous plaît, ne changez pas de sujet !
B. Demain il fera beau, il y aura du soleil toute la journée.
A. Oui, oui, je sais, j'ai vu la météo. Est-ce que vous avez téléphoné à monsieur Cohen ?
B. Pas encore. Je téléphonerai demain, quand j'aurai une minute.
A. Non, Charles, demain, vous ne téléphonerez pas à monsieur Cohen.
B. Si, si, je vous assure.
A. Non, Charles, demain vous ne serez pas dans votre bureau.
B. Si, madame, j'y serai à 8 heures précises, je vous promets.
A. Non, demain, Charles, vous chercherez du travail. Demain sera un autre jour. Vous serez au chômage.
B. Qu'est-ce que vous voulez dire, madame ?

7.13

Exercice 1, page 118
1. C'est fou.
2. Tu es passive.
3. Il essaye en vain.
4. Ça bouge.
5. C'est lâche

7.14

Activité a
1. Bonjour, je m'appelle Alex Morin et j'ai 22 ans.
2. J'habite à Montréal, au Canada.
3. Je fais des études de droit.
4. Je veux devenir avocat.
5. Ma mère est une avocate très connue.
6. Elle gagne beaucoup d'argent.

Activité b
1. Je connais bien Alain Dupont.
2. On a travaillé ensemble.
3. On travaillait dans la même entreprise.
4. On s'entendait bien.
5. Alain a pris sa retraite.
6. On se voit encore de temps en temps.

7.15

1. Il était en retard.
2. Il faut y aller.
3. Il n'est plus ici.
4. C'est incroyable.
5. Deux ou trois.

7.16

(*Gabriela*) Bonjour, je suis Gabriela, je suis brésilienne, je viens de Rio de Janeiro. Je suis étudiante en médecine au Brésil et je suis arrivée en France il y a trois mois pour faire un stage. Je travaille dans un hôpital, dans un service de radiologie. Avant de venir, j'ai suivi un cours de français. Heureusement ! À l'hôpital, je dois parler français toute la journée. Je vais rester en France pendant un an et après je rentre au Brésil pour finir mes études. Mais j'espère que je pourrai revenir ici de temps en temps.
(*William*) Bonjour, je m'appelle William. Je suis anglais. J'habite à Oxford, en Angleterre. Je suis écrivain, j'écris des romans historiques. En ce moment, j'écris un roman qui se passe en France, pendant la Révolution française, et c'est pour ça que je suis ici. Je viens d'arriver à Paris. En fait, je suis arrivé hier. Je vais passer six mois en France pour faire des recherches sur la Révolution française. Je dois lire des centaines de documents en français. Avant d'écrire, je passe toujours beaucoup de temps à me documenter.
(*Manuel*) Bonjour, je suis Manuel. Je suis espagnol. Je travaille pour une entreprise américaine, je travaille dans la finance, je suis contrôleur de gestion. J'ai beaucoup voyagé pour mon travail. Pendant les trois dernières années, j'étais en poste au Mexique, à Mexico. L'année dernière, mon entreprise m'a proposé un poste intéressant à Paris et j'ai accepté. Je suis arrivé au début de l'année et je suis ici pour deux ans, au minimum.

français.com
DÉBUTANT

Guide de la communication

Jean-Luc PENFORNIS

CLE
INTERNATIONAL

Un guide de la communication : pour quoi faire ?

Ce guide contient, pour chaque leçon, une lexie fonctionnelle, c'est-à-dire les termes, phrases, expressions les plus utiles pour atteindre les objectifs communicatifs annoncés.

Il vous aidera :

- à réaliser des activités communicatives, particulièrement à l'oral ;
- à fixer, réactiver, réviser les notions acquises, en lisant, en écoutant, en répétant, en réécoutant, en mémorisant les mots, expressions, actes de paroles de chaque leçon.

Tous les textes sont enregistrés sur le DVD-Rom qui accompagne l'ouvrage.

1. PREMIERS CONTACTS

1-1. Premiers mots

Page 10

– Bonjour.
Bonjour, monsieur.
Bonjour, madame.
Bonjour, mademoiselle.

– Qu'est-ce que c'est ?
– C'est un euro... *un bus... un avion... un taxi... une moto... une voiture... une caméra.*

– Ce sont des euros... *des bus... des avions.*

– Je voudrais deux tickets.
– Pardon ?
– Deux tickets, s'il vous plaît.
– Voilà un ticket.
Un... deux... trois... quatre... cinq... six... sept... huit... neuf... dix... onze... douze... treize... quatorze... quinze... seize... dix-sept... dix-huit... dix-neuf... vingt tickets.

– Merci.

Écoutez.
Répétez.
Écrivez.

– Au revoir.

1-2. Bonjour, je m'appelle

Page 12

– Bonjour, je m'appelle Fabien.
Je suis français.
allemand... espagnol... italien... américain... suédois... russe...brésilien.

J'ai vingt et un ans.
vingt-deux... vingt-trois... vingt-cinq... trente... quarante... cinquante... soixante ans.

J'habite à Paris.
à Londres... à Varsovie... à Genève... à Pékin... à Bruxelles... à Rome.

Je parle deux langues.
Je parle français et anglais... *arabe... chinois... russe... portugais.*

– Moi, je m'appelle Ingrid.
Je suis allemande... *française... espagnole... italienne.*

Ingrid a dix-neuf ans.
Elle est allemande.

– Et John ? Il est américain ?
– Non, il est anglais.
Il habite à Londres.

– Elle s'appelle Samira.
Elle est algérienne.
– Non, elle est marocaine.
Elle parle arabe.
– Oui.

1-3. Ça va, et vous ?

Page 14

– Salut, ça va ?
Bonjour, ça va ?
Tu vas bien ?... Vous allez bien ?

– Ça va, merci.
Oui, et toi ?
Et toi ?... Et vous ?

– Vous êtes Catherine Léonard ?
– Oui, c'est moi.
– Ah, c'est toi !
C'est toi !... C'est vous !

– Vous êtes Monsieur ?... *Madame ?*
– Je suis Paul Mallet.
Je m'appelle Paul Mallet.
– Enchantée.
– Enchanté.

– Vous pouvez épeler votre nom ?
Vous pouvez épeler ?... Tu peux épeler ?
– Mallet, M – A – deux L – E – T.
Léonard, L – E accent aigu – O – N – A – R – D.

– Excusez-moi, vous parlez français ?
Tu parles français ?
– Oui, un peu.

1-4. Vous travaillez où ?

Page 16

- Vous connaissez Toyota ?... *Nokia ?... Michelin ?... IBM ?*
- Oui, bien sûr.
  C'est une entreprise japonaise.

  Elle fait des voitures... *des pneus... des ordinateurs.*

  C'est un fabricant de téléphones... *de pneus... d'ordinateurs.*

- Qui est-ce ?
- C'est Paul Mallet.
- Qu'est ce qu'il fait ?
- Il est vendeur.
  C'est un vendeur... un avocat... un comptable... un architecte.

- Paul, qu'est-ce que vous vendez ?
- Je vends des voitures.

Paul Mallet travaille chez Toyota.
Il vend des voitures.

- Catherine, vous travaillez où ?
- Chez Fernand.
  C'est un restaurant français.
- Qu'est-ce que vous faites ?
- Je suis serveuse.

1-5. Adresse, téléphone, email

Page 18

Monsieur Viard travaille pour Sobeca... *chez Sobeca.*

- Quelle est la fonction de monsieur Viard ?
- C'est le directeur financier de Sobeca... *le directeur commercial... le directeur administratif* de Sobeca... *de la société Sobeca... de l'entreprise Sobeca.*

Pierre Dulac est le responsable du marketing... *de la communication... des ventes.*

- Vous connaissez le prénom de monsieur Viard ?
- Pardon ?
- Quel est le prénom de monsieur Viard ?
- Paul.

- Quelle est l'adresse de Sobeca ?
- 62, rue Jean Jaurès, à Montrouge... *rue... boulevard... avenue... place Jean Jaurès.*
- Quel est le code postal ?
- 92 120.

- Quel est le numéro de téléphone de monsieur Viard ?... *le numéro de portable ?... le numéro de mobile ?*
- C'est le 07 98 97 72 72. C'est le 07 98 97 soixante-douze deux fois.
- Vous pouvez répéter, s'il vous plaît ?

- Vous avez le mail de monsieur Viard ?
- paul-viard@sobeca.com : paul – tiret – viard...
  Viard, V – avec un V comme Victor, – I – A – R – D comme Daniel.
  arobase – sobeca – point – com.
- Merci.

2. OBJETS

2-1. Objets utiles

Page 26

– Qu'est-ce que vous cherchez ?
– Quelque chose pour écrire.
– J'ai un stylo.
– Merci.

– Je cherche ma montre... *mon porte-monnaie... mon portefeuille... mes clés.*

Il cherche ses lunettes.
Pour lire le journal.

– J'ai besoin d'un sac.
– Pour quoi faire ?
– Pour mettre mes livres.

– J'ai besoin d'une tasse.
Pour boire mon café.

Des ciseaux pour couper.
Un timbre pour poster une lettre.
Des clés pour ouvrir la porte.

Marco part en voyage.
– Tu as ton passeport ?... *ton billet d'avion ?... ton portable ?... ton portefeuille ?... tes lunettes ?*
Marco a les poches pleines.

2-2. Avoir ou ne pas avoir

Page 28

– Vous avez une voiture ?
  Est-ce que vous avez une voiture ?... Avez-vous une voiture ?
– Nous avons une voiture.
  Nous n'avons pas de voiture.

– Tu as un ordinateur ?
– Oui, j'ai un ordinateur.
  Non, je n'ai pas d'ordinateur.

– Tu n'as pas de téléphone portable ?
– Si, bien sûr.

– Est-ce que tu aimes le théâtre ?
– Non, je n'aime pas le théâtre.
– Et toi, Pauline, tu aimes le théâtre ?
– Moi, j'adore le théâtre.

– Est-ce que vous vendez des cravates ?
  C'est combien ?
  Vous avez une autre couleur ?
  Vous n'avez pas moins cher ?
– Nous avons un modèle à 99,99 €.

Il a un bureau.
Il ne met pas de cravate.
Il n'aime pas le sport.

Elle aime le café.
Elle n'écoute pas la radio.
Elle ne porte pas de lunettes.

2-3. Objets ici et là

Page 30

Pauline travaille dans un immeuble de bureaux.
Au-dessus et au-dessous de son bureau, il y a des bureaux.

Elle est assise derrière son bureau.
Sur une chaise... *dans un fauteuil.*

Sur son bureau, il y a un ordinateur, un bloc-notes, une lampe, un stylo, une tasse de café, un téléphone.

Ses lunettes sont dans le tiroir.
- Dans quel tiroir ?
- Dans le tiroir du bas... *du milieu... du haut.*

- Où est-ce que je peux jeter ce papier ?
- Il y a une corbeille à papier devant toi.
- Où ça ?
- Là, à droite du bureau... *à gauche du bureau.*

Il y a un gant par terre, sous le bureau.

- Qu'est-ce que tu cherches ?
- Je cherche mon parapluie.
- Il est dans le coin, à côté de la fenêtre.
- Merci.

2-4. Objets comme ça

Page 32

Paul habite dans une rue tranquille... *bruyante.*

Il a une belle voiture.
Une voiture neuve.
C'est une voiture japonaise.
Elle coûte 25 000 euros.
Il a aussi un beau vélo.

Paul travaille dans un grand bureau... *un petit bureau.*
La porte est ouverte... *fermée.*

Paul part en voyage d'affaires.
Sa valise est lourde... *légère.*

À l'aéroport, il prend un petit café.
Le café n'est pas chaud.
Il est froid.

Paul est un homme élégant.
Il porte un costume noir.
Il a une chemise blanche.
Une cravate bleue.
Des chaussures noires et brillantes.

Il porte une veste légère.
Il manque un bouton... *deux boutons.*

2-5. Qu'est-ce que vous préférez ?

Page 34

Pierre est aussi grand que Paul.
Il est plus beau que Paul.
Mais il est moins intelligent.

Pierre travaille autant que Paul.
Il travaille vite et bien.
Il travaille plus vite et mieux que Paul.

– Lui, il travaille à Paris.
  Et toi, tu travailles où ?
– Moi, je travaille au Canada, à Montréal.

– Et vous, vous travaillez où ?
– Nous, on ne travaille pas.

– Est-ce qu'il gagne plus d'argent que toi ?
– Il gagne plus que moi... *moins que moi... autant que moi.*

Quel est le plus grand pays du monde ?
Quelle est la plus grande ville ?
Quelles sont les plus grandes banques ?

Les Français mangent moins de riz que les Chinois... *plus de pain... autant de viande que les Chinois.*

– On frappe à la porte. Tu peux ouvrir ?

En France, on parle français.

3. EMPLOI DU TEMPS

3-1. Quelle heure est-il ?

Page 42

– Excusez-moi, vous avez l'heure ?... *Il est quelle heure ?... Quelle heure est-il ?*
– Il est huit heures dix.
Il est huit heures et demie... huit heures et quart... huit heures moins le quart.
Il est vingt heures dix... vingt heures quinze... vingt heures trente... vingt heures quarante... vingt heures quarante-cinq.

– À cette heure-ci, les bureaux sont fermés.
– Ils ouvrent à quelle heure ?
– Ils ouvrent de treize heures à dix-huit heures.

– Qu'est-ce que tu fais cet après-midi ?
ce matin ?... ce soir ?... en ce moment ?... ces temps-ci ?

– À quelle heure commence la réunion ?
À quelle heure est-ce que la réunion commence ?
La réunion commence à quelle heure ?

– La réunion commence à quatorze heures.
À quatorze heures précises.
– Elle dure combien de temps ?
– Environ une heure.

– À tout à l'heure.

3-2. Journée de travail

Page 44

Je me réveille à 7 heures.
Je me lève tout de suite.
Je prends une douche.
Je me maquille.
Paul ne se maquille pas.

Je m'habille.
Je prends mon petit déjeuner.
Je sors de chez moi à 8 heures... *de chez moi... de la maison.*

Je vais au travail... *à l'université... à la fac.*

Je reste au bureau toute la journée.
À midi, je déjeune au restaurant... *à la cantine.*

Je sors du bureau à 18 heures.
Je reviens du bureau... *du travail... de la fac.*

Le soir, je me repose.
Paul s'occupe des enfants.
Je ne m'occupe pas des enfants.

Je joue du piano... *de la guitare... de l'accordéon.*
Je joue aux échecs sur Internet... *à des jeux vidéo... à la bourse.*

Je me couche avant 11 heures.
Paul se couche plus tard.

3-3. Habitudes

Page 46

Paul est toujours pressé.

- Paul, pourquoi êtes-vous toujours pressé ?
- Parce que j'ai beaucoup de travail.

Paul est en réunion.
en déplacement... au téléphone... devant son ordinateur... sur Internet.
Il est souvent en réunion... *très souvent... le plus souvent.*
Le plus souvent, il sort du travail après 20 heures.
Il fait des heures supplémentaires.

Paul ne prend jamais de vacances.
Il ne va pas au cinéma... *jamais... pas souvent.*

- Et vous ?
- Moi, je vais parfois au cinéma.
  quelquefois... souvent... très souvent...
  au cinéma... au théâtre... à l'opéra... au restaurant.

  Je voyage souvent.
  Je prends toujours ma voiture.
  Je prends rarement le train... *l'avion... le taxi.*

  J'écoute la radio.
  Je regarde la télévision.
  Je lis les journaux.

3-4. Mois et saisons

Page 48

- Quelle est la date aujourd'hui ?
- Le 1er avril... *le 19 mars... le 21 août.*
- C'est la date de mon anniversaire.

- On est le combien ?... *Nous sommes le combien ?*
- On est le 1er... *le 19... le 21.*

- On est en automne... *en hiver... en été... au printemps.*
  On est au mois d'avril... *au mois de mars... en mars.*

- Il fait quel temps ?
- Il fait froid... *frais... bon... chaud.*
  Il pleut... *Il neige... Il gèle.*

- Le ciel est bleu... *gris... nuageux.*
  Il y a des nuages... *du soleil... du brouillard.*

- Il fait quelle température ?
- Il fait environ 5 degrés... *moins de 5 degrés... plus de 5 degrés.*
  Il fait moins 5.

3-5. Rendez-vous

Page 50

– Bonjour, je voudrais prendre rendez-vous avec le docteur Bic.
– Un instant, s'il vous plaît.
Je consulte son agenda.

Quel jour vous convient ?
Est-ce que mardi vous convient ?

– Malheureusement, je ne peux pas ce jour-là.
Désolé, je ne suis pas libre... *disponible.*
Je prends l'avion mardi matin... *après-midi... soir.*
J'ai une réunion à cette heure-là.
Je ne travaille jamais le mardi.

– Jeudi, à 14 heures, c'est possible ?
Vous pouvez ?
– Oui, c'est parfait.

– Nous disons donc jeudi, à 14 heures.
– C'est noté, au revoir.

– Bonjour, Karine... *Chère Karine.*
Merci pour ton mail.

On peut se voir demain... *lundi... ce soir.*
On peut se retrouver devant la poste.
– Pas de problème.

– À bientôt.
Cordialement.

4. VOYAGE

4-1. À l'hôtel

Page 58

- Bonjour, madame.
- Bonjour, monsieur.
- Je peux vous aider ?
  Qu'est-ce que je peux faire pour vous ?

- Avez-vous une chambre libre ?
  Est-ce qu'il vous reste des chambres libres ?

- Pour combien de personnes ?
  Pour combien de nuits ?
- Du 3 au 7 mars.
- La réservation est à quel nom ?
  Je regrette, toutes nos chambres sont réservées...
  Il ne nous reste aucune chambre libre.

  J'ai une belle chambre calme au 2ème étage avec salle de bain... *avec douche.*
  C'est une chambre qui donne sur le jardin.
  C'est une chambre double avec un grand lit... *un grand lit... deux lits jumeaux.*
  Le prix de la chambre est de 130 euros la nuit.
- D'accord, je prends la chambre.

- J'ai besoin de votre passeport pour remplir la fiche.
  Voudriez-vous remplir cette fiche, s'il vous plaît ?

  Avez-vous des bagages ?
  On s'occupe de vos bagages.

- Je voudrais régler ma note, s'il vous plait.
- Comment réglez-vous ?
- Par carte.

4-2. Itinéraire

Page 60

– Excusez-moi, je cherche l'hôtel Astrid.
Savez-vous où se trouve la poste ?
Vous connaissez la rue Dulac ?

– C'est tout près d'ici.
C'est un peu loin d'ici.

Vous continuez tout droit.
Vous voyez le feu, là-bas ?
Vous allez jusqu'au feu.

Vous tournez à gauche... *à droite.*
Vous prenez la première à gauche... *la première rue à gauche.*
C'est la rue Dulac.

Vous passez devant un jardin.
Vous arrivez à une place.
Vous traversez la place... *la rue... le carrefour... le pont.*

Vous verrez l'église.
La poste est en face de l'église.
L'hôtel se trouve sur le côté droit.
Le métro est au bout de la rue... *de l'avenue... du boulevard.*

– Mon bureau est au premier étage... *deuxième... troisième étage.*

4-3. Déplacements professionnels

Page 62

– Vous vivez où ?... *Où est-ce que vous vivez ?*
Vous vivez dans quel pays ?
Dans quel pays est-ce que vous vivez ?... Dans quelle ville ?... Dans quelle région ?

– Je vis en France... *au Canada... aux États-Unis.*
Je travaille à Lyon.

– Vous travaillez loin de votre domicile ?... *de chez vous ?*

Vous allez comment au travail ?
Comment est-ce que vous allez au travail ?

– Je prends le bus... *le train... le métro.*
Je vais en bus... en train... en métro... en voiture... à pied... à vélo.

– Le trajet dure combien de temps ?...
Combien de temps est-ce que dure le trajet ?
Est-ce qu'il y a des embouteillages ?

– Nous avons une usine à Priziac... *des bureaux... notre siège social.*

Cette ville se trouve au sud de la France.
au nord... à l'est... à l'ouest... au centre... au sud-est... au sud-ouest de la France.

4-4. Conseils au voyageur

Page 64

- Est-ce que j'ai besoin d'un visa ?
- Tu as besoin d'un visa.
  Il faut demander un visa avant de partir.

N'oublie pas ton appareil photo.
N'oublie pas de prendre ton appareil photo.

C'est une ville magnifique.
Tu dois visiter la cathédrale... *Vous devez visiter... Il faut visiter la cathédrale.*

On peut se renseigner à l'Office du tourisme.
Tu peux te renseigner... Vous pouvez vous renseigner à l'Office du tourisme.

- Est-ce que c'est une ville sûre ?
- Non, c'est une ville dangereuse.
  Il faut être prudent...
  Tu dois faire attention aux voleurs... *Fais attention aux voleurs.*

Ne va pas dans les quartiers dangereux.
Il ne faut pas se promener dans les quartiers dangereux.
Tu ne dois pas te déplacer seule.

On ne peut pas se baigner dans la rivière.
Il est interdit de se baigner.

Tu peux prendre un taxi.
Les taxis sont rapides et bon marché.
Ne bois pas l'eau du robinet.
L'eau n'est pas potable.

4-5. Prendre le train

Page 66

- Bonjour, je voudrais un aller simple pour Amsterdam... *un aller-retour.*
  Je voudrais une place côté fenêtre... *côté couloir.*
  Un aller simple, s'il vous plait, en deuxième classe... *en première classe.*

- Le train part à quelle heure ?
- Il part à 12 h 25.
- Le train part de quelle voie ?
- Il part de la voie 3.
- Le train arrive à quelle heure ?
- Il arrive à 15 h 33 à Amsterdam.

  Le train n'est pas direct.
  Il s'arrête à Bruxelles et à Cologne.

- Est-ce qu'il y a de la place ?
  Quel est le numéro de la place ?
- La voiture 2 est en tête de train.
  La voiture 23 est en queue de train.
  Vous payez comment ?

- Je peux payer par carte ?... *par chèque ?... en espèces ?*

- Où est-ce que vous allez ?
- Je vais à Amsterdam.
- D'où est-ce que vous venez ?
- Je viens de Paris.
- Par où est-ce que vous passez ?
- Je passe par Bruxelles et par Cologne.

Le train à destination d'Amsterdam va partir.
Le train en provenance de Paris entre en gare.

5. TRAVAIL

5-1. Déjeuner d'affaires

Page 74

– Vous prenez un apéritif ?
– Non merci, je ne prends pas d'apéritif.
Je vais prendre le menu.
– Qu'est-ce que vous prenez en entrée ?
– Je vais prendre une assiette de crudités.

– Et comme plat ?
Vous aimez le poisson ?
Il y a de la viande et du poisson.
Vous préférez la viande ou le poisson ?
– Je ne veux pas de viande.
– Vous êtes végétarienne ?

– Je vais prendre la truite aux amandes.
Avec du riz... *des pâtes... des frites... des épinards.*

– Et comme boisson ?
– Je vais prendre de l'eau.
Une bouteille d'eau, s'il vous plaît.
– Vous voulez un peu de vin ?
– Je ne bois pas d'alcool.

Où est la moutarde ?
Vous pouvez me passer la moutarde ?

– Est-ce que vous prenez un fromage ou un dessert ?
Vous prenez un café ?
– Je vais prendre un expresso.
– Autre chose ?
– Non, c'est tout, merci.
Je peux avoir l'addition, s'il vous plaît ?

5-2. Appel téléphonique

Page 76

- Bonjour.
  Je souhaiterais parler à madame Dulac, s'il vous plaît... *Je voudrais parler...*

- Je suis bien à l'hôtel Astrid ?... *chez Michelin ?... chez Paul ?*
- Oui, c'est bien ça.
- Vous êtes bien madame Martel ?
- Oui, c'est bien moi.

- C'est de la part de qui ?
- De la part de Jules Nabert.
  Je suis Jules Nabert, de la société KM2.
- Pouvez-vous épeler votre nom, s'il vous plaît ?
  Un « M » comme Martin ou un « N » comme Nicolas ?

- C'est à quel sujet ?
- Je vous appelle au sujet de la petite annonce.
  Je voudrais une information concernant la réunion du 3 mars.

- Ne quittez pas, je vous la passe.
  Un instant, s'il vous plaît, je vous mets en ligne.
  Je regrette, madame Dulac vient de sortir.
  Pouvez-vous rappeler un peu plus tard ?
  Voulez-vous laisser un message ?

- Est-ce que je peux laisser un message ?
  Je peux la joindre à quel moment ?
  Je rappellerai plus tard.

- Pouvez-vous lui demander de me rappeler ?
- Est-ce qu'elle a votre numéro ?
  D'accord, c'est noté.
  Vous pouvez compter sur moi.

5-3. Expérience professionnelle

Page 78

– Quelle est votre formation ?
– J'ai étudié le droit. J'ai fait des études de droit.
  de commerce... d'ingénieur... de comptabilité... de médecine... de lettres.
  J'ai fait mes études au Canada.

J'ai été vendeur pendant trois ans.
J'ai travaillé comme vendeur pendant trois ans.

Mon entreprise a fait faillite.
J'ai perdu mon travail.
J'ai cherché un autre emploi.
J'ai consulté les offres d'emploi.

J'ai répondu à une offre d'emploi.
J'ai actualisé mon curriculum vitae.
J'ai écrit une lettre de motivation.

Je sais conduire... *négocier... travailler en équipe.*
Je connais l'informatique... *mon métier... plusieurs langues.*
Je suis motivé... flexible... organisé... créatif... sociable.

J'ai passé un entretien d'embauche.

– Pourquoi avez-vous fait une école d'ingénieurs ?
  Quand avez-vous terminé vos études ?
  Avez-vous postulé pour un autre emploi ?
  Avez-vous postulé à un autre emploi ?

– J'ai été embauché.

5-4. Une année au travail

Page 80

– Quoi de neuf ?
  Qu'est-ce que tu deviens ?
– J'ai changé de poste.
  J'ai obtenu une promotion.
  Je suis devenue responsable du service.

  J'ai pris la place de Duval.
  Duval a pris sa retraite.
  Il est retourné en Suisse.

  Caroline a quitté l'entreprise.
  Elle a démissionné.
  Elle a créé son entreprise.

  Nous avons licencié le comptable.
  Nous avons embauché un nouveau comptable.

– Vous avez voyagé ?
– Je suis allée en Chine avec Lambert.
  Nous sommes restés une semaine.
– Qu'est-ce que vous avez fait ?
– Nous avons visité le pays.
– Avez-vous appris le chinois ?

– Nicolas a fini ses études.
  Il est parti à l'étranger.
  Il est allé au Canada.
  Il a fait un stage de six mois chez Nortel.
  Il est revenu la semaine dernière.

5-5. Courrier électronique

Page 82

– Mario ne nous a pas répondu.
  Je ne peux pas le joindre.

– Vous avez écrit à Mario ?
– Oui, je lui ai écrit.
  Non, je ne lui ai pas écrit. Je suis en train d'écrire.

Bonjour, Mario,... *Salut, Mario,... Mon cher Mario,*
Cher collègue,
Monsieur,
Madame,
Madame, Monsieur,

J'espère que vous allez bien.

Pouvez-vous m'envoyer le programme du séminaire ?
Je vous prie de bien vouloir m'envoyer le programme.
Merci de bien vouloir m'envoyer le programme.

Je vous en remercie par avance.
Merci par avance.

Je vous envoie ci-joint le programme.
Je vous adresse ci-joint le programme.

J'ai bien reçu le programme.

Merci de votre réponse.
Je vous remercie de votre réponse.

Cordialement

6. PROBLÈMES

6-1. Qu'est-ce qui ne va pas ?

Page 90

– Tu n'as pas l'air en forme.
  Qu'est-ce qui ne va pas ?
– J'ai des problèmes au travail.
  J'ai du mal à me concentrer.
  Quelque chose me tracasse.

– Vous cherchez quelqu'un ?
  Qui est-ce que vous cherchez ?... *Vous cherchez quelque chose ?*
  Qu'est-ce qui vous arrive ?

– Je suis tombée dans l'escalier.

– Qu'est-ce qui fait ce bruit ?
– C'est l'aspirateur du voisin.

– Paul a démissionné.
– Qu'est-ce qu'il fait maintenant ?
– Il ne fait rien.
  Il ne voit personne.
  Il ne parle à personne.

– Il faut faire quelque chose.
– Qu'est-ce que tu vas faire ?
– Il n'y a rien à faire.

– Excuse-moi, je n'entends rien.
  Qu'est-ce que tu dis ?
– Je dis que ça ne sert à rien.

6-2. Contretemps

Page 92

– Quel est le problème ?
Qu'est-ce qui se passe ?
Qu'est-ce qui s'est passé ?
– Pas de problème.
J'ai un petit problème.

– J'ai raté l'avion... *le train.*
Je me suis réveillé trop tard.
Je me suis énervé.
Je me suis disputé avec le patron.

Je me suis perdu.
Je me suis trompé de route... *de numéro... de train.*

– Je vais arriver en retard.
Il y a des embouteillages.
– Ce n'est pas grave.
Vous pensez arriver à quelle heure ?

– Je vous appelle au sujet de notre rendez-vous de demain.
de jeudi... de cet après-midi.
J'ai un empêchement.

– Je dois annuler notre rendez-vous... *reporter... avancer notre rendez-vous.*
Peut-on reporter la réunion au 3 mars, à 9 heures ?
Peut-on se voir ce soir à 17 heures ?
C'est possible ?

– Désolé, je ne suis pas disponible.
Je suis pris... *occupé... absent... en déplacement.*

6-3. Problèmes informatiques

Page 94

- Tu travailles toujours dans l'informatique ?
- Non, je ne travaille plus dans l'informatique.

- Tu as éteint l'ordinateur ?
- Non, il est allumé.
  L'écran est sale.
  Il n'y a plus de batterie.

- Il y a encore un problème avec l'ordinateur.
- S'il y a un problème, tu peux demander à Paul.
- Ça dépend du problème.

- La souris ne marche plus.
  Paul a déjà trouvé le problème.
- Non, pas encore.

- Je voudrais consulter ma boîte mail.
  Je ne peux pas me connecter à Internet.
- Tu dois entrer le mot de passe.

- Il n'y a pas d'antivirus.
  Quand tu télécharges d'Internet, fais attention aux virus.

- Pour enregistrer, tu fais commande « Ctrl S » (contrôle S).
  La touche étoile (*) se trouve à gauche du clavier.

- Je ne peux pas ouvrir le fichier.
  Je ne connais pas ce programme.

- Est-ce que je peux imprimer ?
- L'imprimante ne fonctionne plus.
  Il n'y a plus de papier dans l'imprimante.

6-4. Bricolage

Page 96

– Qu'est-ce que je peux faire ?
  Tu veux un coup de main ?
– Prends un chiffon et essuie les étagères.

– Tu peux tenir la lampe ?
  Tu peux soulever la table ?
  Tu peux me passer le marteau ?
  Passe-le moi, dépêche-toi.

– Tu peux ouvrir la porte ?
  Pousse-la très fort.
– Elle est fermée à clé.

– La clé est dans le tiroir.
– Je n'arrive pas à l'ouvrir.
– Tire-le très fort.

– Le robinet fuit.
  Tu as un tournevis ?
– Pour quoi faire ?
– Pour réparer la fuite.

– Fais attention au vase.
  Ne le pose pas ici, il va tomber.
  Pose-le sur la table.

– Il n'y a plus de lumière dans la salle de bain.
– L'ampoule est grillée.
– Tu peux changer l'ampoule ?
  Ne touche pas les fils électriques.
  Ne mets pas les pieds dans l'eau.

6-5. Qu'est-ce que vous suggérez ?

Page 98

– Tu travailles trop.
  Tu devrais prendre des vacances.
  Tu devrais te reposer un peu.

– Il y a trop de bruit dans la rue.
  Je n'arrive pas à me concentrer.
– Tu devrais fermer la fenêtre.

– Ce mot de passe est trop long.
  Je n'arrive pas à le retenir.
– Tu devrais changer de mot de passe.

Elle fume trop.
Elle mange trop, elle est trop grosse.
Elle devrait arrêter de fumer.
Elle devrait faire du sport.

Il ne travaille pas assez.
Il ne gagne pas assez d'argent.
Il devrait travailler plus.
Il devrait dépenser moins

– Vous conduisez trop vite.
  Vous devriez être prudent.
  Vous devriez ralentir un peu.

– Il fait trop froid ici.
  On devrait mettre le chauffage.
– Tu devrais mettre un pullover.

C'est une offre intéressante, ils devraient accepter.
Ils devraient réfléchir un peu.

7. TRANCHES DE VIE

7-1. Petits boulots

Page 106

– Quand vous étiez étudiant, où est-ce que vous viviez ?
Est-ce que vous aviez un petit boulot ?
Qu'est-ce que vous faisiez ?
Vous aimiez bien ce travail ?

– Je vivais chez mes parents.
Nous vivions dans un petit appartement.
Nous habitions à Lyon.
Mes parents n'étaient pas riches.
Mon père était ouvrier dans une usine de savons.
Je devais travailler pour financer mes études.

Chaque soir, je travaillais comme serveur dans un restaurant.
Le restaurant s'appelait *La Bocca.*
C'était un restaurant italien.

Nous étions deux serveurs.
Nous gagnions un fixe et des pourboires.
Les clients étaient assez généreux.
J'aimais bien ce travail.
C'était fatigant.
Il y avait beaucoup de travail.

– Et Julie, qu'est-ce qu'elle faisait ?
– Elle faisait du baby-sitting.
Elle gardait des enfants.

Et toi, Catherine, qu'est-ce que tu faisais ?

– Moi, je n'avais pas de petit boulot.
J'étudiais.
J'étais étudiante à plein temps.

7-2. Faits divers

Page 108

Bernard travaillait au sixième étage.
Il était fatigué.
Son ordinateur est tombé en panne.
C'était un vieil ordinateur.
Il s'est énervé.
Il a ouvert la fenêtre.
Il a jeté son ordinateur par la fenêtre.
Personne ne passait sous la fenêtre à ce moment.
Heureusement.
Il a eu de la chance.

Karin dépensait beaucoup d'argent.
Elle avait beaucoup de dettes.
Elle devait 20 000 dollars.
Elle a créé un site internet.
Sur ce site, elle demandait de l'argent.
Le site a connu un succès rapide.
Karin a remboursé ses dettes.
Ensuite, elle a raconté son histoire.
Elle a vendu des milliers de livres.

Nous étions dans un magasin.
Nous avons entendu un grand bruit.
Nous sommes sortis du magasin.
C'était un accident.
Le feu était rouge.
La voiture ne s'est pas arrêtée.
Elle a heurté une autre voiture.
Il n'y a pas eu de blessé.
Heureusement.

7-3. Une belle carrière

Page 110

J'ai travaillé chez Fimex pendant 40 ans.
C'est une entreprise qui fabrique du matériel électrique.

Je suis entré dans cette entreprise à 23 ans.
Je sortais d'une école d'ingénieur.
J'ai répondu à une offre d'emploi.
Il y avait 70 candidats.
C'est moi qui ai obtenu le poste.

J'ai commencé comme ingénieur.
J'étais au service Recherche et développement.
J'ai travaillé pendant quatre ans à Montreuil.

Je suis passé au service de la production.
J'ai été l'adjoint du directeur pendant plusieurs années.
J'ai fait de nombreux voyages d'affaires.

Je suis devenu directeur de la production.

En 2010, j'ai pris la direction d'une usine.
Nous avons doublé la production en trois ans.

J'ai terminé ma carrière au siège social, à Paris.

J'ai pris ma retraite il y a deux ans.
Je vis à Biarritz.
C'est la ville où je suis né.

Depuis que je suis en retraite, je voyage beaucoup.
Demain, je pars en Italie pour trois semaines.
L'Italie est un pays que j'aime beaucoup.

7-4. Moments de stress

Page 112

- Vous avez des problèmes ?
- Nous en avons beaucoup.
  On en a beaucoup.
  Il y en a beaucoup... plusieurs... trop.

- Ce n'est pas facile à gérer.
  Ça m'empêche de dormir.
  Ça ne m'empêche pas de dormir.

- Les affaires vont mal.
  L'entreprise a des dettes.
  Elle est au bord de la faillite.
  Paul a peur de perdre son travail.

- On n'a pas assez de temps.
  Les délais sont trop courts.
  Qu'est-ce que je vais faire ?
  Je ne sais pas quoi décider.

- Qu'est-ce qu'il y a encore ?
- Le bruit de la rue m'empêche de travailler.
- Le problème, c'est que la fenêtre est cassée.

Il y a des embouteillages.
Le taxi n'avance pas.
Il a peur de rater son avion.

- Je trouve que les gens sont stressés.
  À mon avis, il y a trop de pression.
  Je pense que ce n'est pas normal.

7-5. Demain sera un autre jour

Page 114

- Il y a aura une réunion le 16 décembre.
  Vous devrez y assister... *être présent.*
  Je vous communiquerai l'heure exacte.
  J'espère que vous viendrez.
- Ne vous inquiétez pas, j'y serai.

- Est-ce que tu iras à la réunion ?
- Je te dirai ça demain.

- Il est tard, je finirai lundi.
  J'arriverai tôt au bureau.
  Je resterai tard le soir.
  Je ferai des heures supplémentaires.

- Elle sera absente cet après-midi.
  Elle passera vous voir quand elle reviendra.
- J'espère que le rapport sera prêt.

- Je ferai ce que vous voulez.
  Je vous écrirai, c'est promis.
  Je vous appellerai dès que possible.

- Un jour, je vous dirai la vérité.

- Je suis sûr qu'elle fera du bon travail.
- J'espère que ça vous plaira.

Demain, il fera beau.
Il y aura du soleil toute la journée.

NOTES

Crédits photographiques

Couverture : Fotolia/Auremar

Toutes les photos sont de l'auteur sauf :

p. 9 : © Creasource / Corbis – p. 10 ht g : © RATP / Denis Sutton – p 10 ht d : © CITROËN Communication / Jérôme Lejeune – p. 10 bas d : © Bob Winsett / Corbis – p. 14 : © Westhill / zefa / Corbis – p. 16 ht g : © Nokia – p. 16 ht d : © Nokia France – p. 16 m g : © Swatch – p. 16 m d : © Swatch – p. 16 bas d : © Michelin – p. 18 : © Tom & Dee Ann McCarthy / Corbis – p. 25 : © Don Mason / Corbis – p. 34 g : © Stacy Morrison / zefa / Corbis – p. 34 d : © Mauritius / Photononstop – p. 39 : © Ausloeser / zefa / Corbis – p. 40 g : © Helen King / Corbis – p. 40 d : © Tim Garcha / zefa / Corbis – p. 41 : © IPS Co., Ltd. / Beateworks / Corbis – p. 54 : © JLP / Sylvia Torres / zefa / Corbis – p. 56 g : © T. Hemmings / zefa / Corbis – p. 56 d : © Fotolia / Monkey Business – p. 57 : F. Cirou p. 58 : © REA / Nicolas Tavernier– p. 65 : © Russel Kord / Photononstop – p. 73 : © Guntmar Fritz / zefa / Corbis – p. 76 : © Eric Audras / Photononstop – p. 89 : © Jim Sugar / Corbis – p. 93 : © LWA-Stephen Welstead / Corbis – p. 94 : © Chris Collins /Corbis – p. 105 : © Juergen Stumpe / Look / Getty Images – p. 106 ht : © Chuck Savage / Corbis – p. 118 ht : © Rick Gomez / Corbis – p. 131 : © Roger Wright / Stone / Getty Images – p. 133 : F. Cirou – p. 143 : La vache qui rit est une marque enregistrée au nom des Fromageries Bel.

N° de projet : 10212929 - Dépôt légal : Avril 2013
Achevé d'imprimer en Italie en Janvier 2015 sur les presses de Vincenzo Bona en Italie